3訂版 わかりやすい
古物営業の実務

古物営業研究会　著

東京法令出版

目　　次

◆• 本書の構成と利用方法 •◆

本書をより効果的に活用していただくために、最初に
それぞれのページのねらいや利用方法を把握してください。

◇ ━━━━━ 全体の構成 ━━━━━ ◇

　本書は、古物営業法について、実務上の必要なポイントを解説した手引書です。
　まず、第1章の「古物営業を営む人へのガイド」では、基本的なガイダンスとルール説明等がされています。
　第2章の「用語の解説」では、他の章と重複する部分もありますが、比較的なじみの薄い古物営業法の用語の解説がされています。
　第3章「ここが知りたい　Q＆A」では、13のテーマ別に問答が掲載されています。
　第4章「関係法令等」は、文字どおり古物営業に関係する法令集となっています。
　第5章「モデル審査基準等」は、行政手続法によって各都道府県警察が定めることとされている審査基準、標準処理期間及び処分基準のうち、古物営業に関するものについて、警察庁が示したモデルが掲載されています。

◇ ━━━━━ 第1章　古物営業を営む人へのガイド ━━━━━ ◇

　この章は、4つのパターンに分けられています。「①古物営業を始めるにはどうしたらよいのか？　②古物営業を営む人の基本的なルールは何か？　③古物営業を営む人が受ける監督とはどのようなものか？　④営業内容に変更があったときはどうしたらよいのか？」といった切り口で、古物営業をルールに従って円滑に行うための説明がされています。また、参照ページには、関連した詳細な記述がされていますので、第2章の「用語の解説」と同様、有効に活用してください。

　古物営業を始めるには、公安委員会(以下、特に断りなき場合には、「都道府県公安委員会」を指すものとします。)の許可を受けること又は公安委員会に届出をすることが必要になります。

1　基本的な言葉の定義

　ここで、具体的な手続等の話に入る前に、古物営業に関連する基本的な言葉の定義について触れてみましょう。なお、これらは、第2章の「用語の解説」にも掲載されていますので参照してください。

(1)　古物営業とは

---法第2条第2項---
　この法律において「古物営業」とは、次に掲げる営業をいう。

◇ ── 第2章　用語の解説 ── ◇

　この章では、法律用語の解説が50音順でされています。必要に応じて、用語辞典的に活用してください。

　また、他の章を読む前に、ここに掲出された用語を通読しておけば、さらに理解が深まります。

●●●　あ行　●●●

相手方の署名文書　古物商が古物の買受け等をした場合、身分証明書等によって相手方の確認をする代わりに、相手方からその住所、氏名、職業及び年齢が記載された文書(その者の署名のあるものに限る。)の交付を受けることでも足りることとされています(法第15条第1項)。この相手方の住所、氏名、職業及び年齢が記載され、相手方の署名のある文書を「相手方の署名文書」といいます。

　この相手方の署名は、当該古物商又はその代理人、使用人その他の従業者の<u>面前において</u>、

営業の制限　古物商は、あらかじめ届け出た仮設店舗を除き、営業所又は取引の相手方の住所若しくは居所以外の場所において、買受け等のため古物商以外の者から古物を受け取ってはいけないこととされています(法第14条第1項)。

　また、古物市場では、古物商同士でしか取引をすることができません(同条第3項)。

営業の停止　法第24条各項においては、重大な法令違反行為等に対する行政処分として、営業の停止処分について規定しています。

　営業の停止の命令がなされるのは、

①　古物商若しくは古物市場主又はこれらの

◇ ━━━ 第3章　ここが知りたい　Q&A ━━━ ◇

　この章は、皆さんが現在お持ちの疑問や不明点に対して一つひとつ具体的に回答形式で解説を加える「Q&A」コーナーです。既に古物営業の許可をお持ちの方、今回新たに許可を受けようとする方、それぞれ不安や悩みが異なるものでしょうが、これまでに寄せられた専門的な意見、質疑から素朴な問い合わせまでを類型化して、その中から、特に実務において必要と考えられる事項を1問1答（全77問）の形式にまとめてあります。13のテーマから、関係ある必要な質問事項を検索してください。

Q1 ─────────────────────

　電気製品店等が無償で古物を引き取り、これを修理等して販売する場合には、古物商営業の許可は必要なのですか。

─────────────────────

A　　古物の売却のみを行う営業については、許可対象から除外されています（法第2条第2項第1号）。したがって、電気製品店等が無償で物品を引き取り、これを修理等して販売している場合は、古物の「買受け」を行っていないため、古物商営業の許可は不要です。

　なお、電気製品店等が幾分でも代価を払い、下取りする場合は有償買受けとなり、古物商営業の許可が必要です。

◇ ━━━ 第4章　関係法令等 ━━━ ◇

　この章には、以下の関係法令がリストアップされています。
○　古物営業法
○　古物営業法施行令
○　古物営業法施行規則
○　行商従業者証等の様式の承認に関する規程
○　電磁的方法による保存等をする場合に確保するよう努めなければならない基準
○　地方公共団体の手数料の標準に関する政令〔抄〕
　また、古物営業法等に関する手続一覧表も掲載されています（巻末）。

第5章　モデル審査基準等

（平成24年4月1日現在）

　この章には、行政手続法によって定めることとされている審査基準等のうち、古物営業に関し警察庁が定めたモデル審査基準等がそのままの形で掲載されています。

　各都道府県警察は、このモデル審査基準等を参考に、各都道府県ごとの審査基準等を定めることとなります。

各種様式について

　次のURLにより、営業許可申請書、各種変更・書換届出書の様式等を本書出版社ホームページ内からダウンロードできるようにいたしました。

　URL　https://www.tokyo-horei.co.jp/policeman/kobutsueigyo-yoshiki/

　近年、政府の規制改革ホットラインに対して、複数の都道府県で営業を営む古物商等が増加し、営業所等の全国展開が進んできた中、1つの都道府県公安委員会の許可を受けていれば、他の都道府県に新たに営業所等を設ける場合に届出のみとして許可を不要とする措置を講じてほしいという要望や、古物の受取を行うことができる場所として百貨店等におけるイベント会場等を追加してほしいという要望が寄せられていました。これを受け、平成30年4月に古物営業法が改正され、令和2年4月1日から全面施行されました。

　本書は、この改正の内容にも対応した実務解説書です。

＜凡例＞

法…古物営業法（昭和24年法律第108号）

施行令…古物営業法施行令（平成7年政令第326号）

施行規則…古物営業法施行規則（平成7年国家公安委員会規則第10号）

◆◆ 古物営業法の改正について ◆◆

　「古物営業法の一部を改正する法律」（平成30年4月25日法律第21号。以下「改正法」という。）が公布され、令和2年4月1日に全面施行されました。

　改正のあらましについては、以下を参照ください。

　なお、条文中＿＿の箇所が改正箇所です。

1　古物営業の制限の見直し（緩和）　⇒詳しくは40ページへ

┌─【ポイント】────────────────────────────┐
　一定の届出をすれば、営業所や相手方の住所ではない「仮設店舗」でも古物を
受け取ることができるようになりました！
└─────────────────────────────────────┘

　旧古物営業法では、古物商は、<u>営業所又は取引の相手方の住所等以外の場所</u>で、買受け等のために<u>古物を受け取ることができない</u>こととされていました。しかし、今回の改正により、事前に仮設店舗営業届出書を公安委員会に（所轄警察署長を経由して）提出すれば、仮設店舗においても古物を受け取ることができるようになりました。

　「仮設店舗」とは、従来の「露店」を改称したものです。

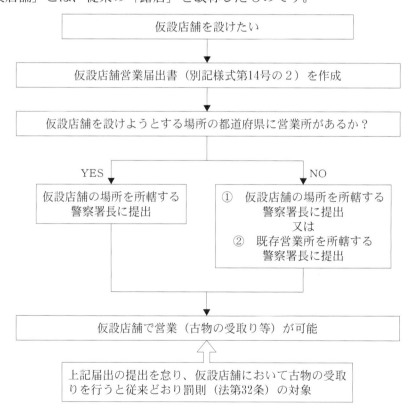

2　許可単位の見直し（緩和）　⇒詳しくは７ページへ

⑴　他の都道府県での新規営業所設置

【ポイント】

　主たる営業所で許可を受ければ、他の都道府県で営業所を設ける場合には事前に届出をするだけでよくなりました！

　その他の変更は、１つの公安委員会に届出をするだけでよくなりました！

　旧古物営業法では、営業所等が所在する都道府県ごとに古物営業の許可を受けることが必要でした。例えば、A県で許可を受けて営業をしている古物商が、新たにB県に営業所を設ける場合には、B県においても新たに許可を受ける必要がありました。つまり、複数の都道府県に営業所を設けようとする場合は、その都道府県の数だけ許可が必要でした。

　しかし、近年、複数の都道府県で営業を行う古物商等が増加し、営業所等の全国展開が進んでいるなどの変化がみられる中、都道府県ごとに許可申請を行わなければならないことが負担となっており、こうした負担を軽減する要請が強まっていること、古物営業の許可の欠格事由が申請者の人的適格性に関する客観的要件に限られ、公安委員会によって許可の判断が異なることが想定されないこと等を踏まえ、今回の改正により、主たる営業所等の所在地を管轄する公安委員会の許可を受ければ、他の都道府県に営業所等を設ける場合には主たる営業所等以外の営業所等を新設する旨の「変更届出」を事前に行うことで足りることとなりました。これにより、いわば許可が全国で一本化され、同一の古物商等に対しては１つの許可のみが与えられることになります。

【改正前】 営業するためには都道府県ごとの公安委員会の許可が必要

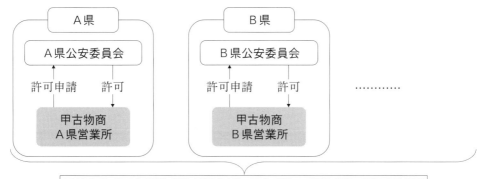

【改正後】 １つの古物商等に対して１つの許可

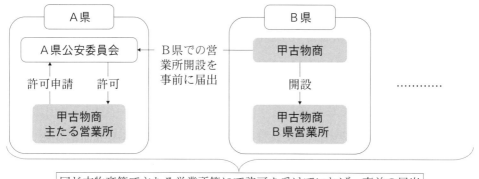

同じ古物商等で主たる営業所等にて許可を受けていれば、事前の届出で他の都道府県でも営業が可能に

　例えば、A県（主たる営業所の所在地）で許可を得て営業をしている古物商が、新たにB県に従たる営業所を設ける場合には、あらかじめA県公安委員会に対して届出さえすれば、B県では新たに許可を得ることなく営業を行うことができます。

　なお、この届出は⑵と異なり、事前に届け出ないといけない点に注意してください。

⑵　その他の変更事項の届出

　旧古物営業法では、役員の変更等があった場合には、許可を受けた全ての公安委員会に変更内容を届け出る必要がありましたが、施行後は、主たる営業所等の所在地を管轄する公安委員会又は従たる営業所の所在地を管轄する公安委員会のいずれかに１度届出をすればよいこととなりました。

【変更届の提出の流れ】

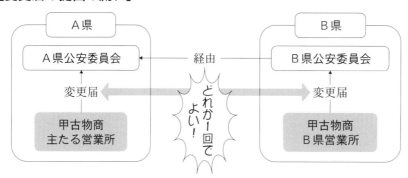

3　競り売り及び仮設店舗の届出　⇒詳しくは43ページへ

【ポイント】

営業所がない都道府県で競り売りをしたり仮設店舗を出そうとする場合には、
営業所がある都道府県の公安委員会に届出することもできるようになります！

　旧古物営業法では、競り売りの届出は、競り売りをしようとする場所を管轄する公安委員会にのみ行うことができることとされていましたが、改正法施行後は、営業所がない都道府県で競り売りを行う場合には、営業所がある都道府県の公安委員会に（所轄警察署長を経由して）届出をすることもできるようになりました（従来どおり、競り売りをしようとする場所を管轄する公安委員会にも（所轄警察署長を経由して）提出できます。）。

　同様に、仮設店舗を設けようとする都道府県に営業所がない場合には、仮設店舗の場所を管轄する公安委員会又は営業所を管轄する公安委員会のいずれかに届出を行えばよいこととなりました。

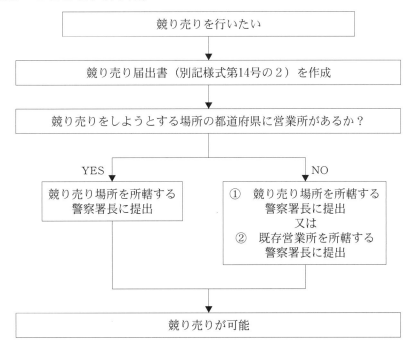

4　簡易取消しの新設　⇒詳しくは58ページへ

┌─【ポイント】─────────────────────────┐
　3月以上所在不明な古物商に対する許可の取消手続が簡素化されました！
└─────────────────────────────────┘

　古物営業法の許可は、「古物商又は古物市場主（以下「古物商等」）が許可を取り消される」、「廃業等により許可証を返納する」といった事由があるまで効力を有します。しかし、古物商等が廃業しているにもかかわらず、許可証を返納せず、また、営業所又は古物市場（以下「営業所等」）の所在地等を変更の届出を行わないまま所在不明になるケースが見受けられ、こうした所在不明の古物商等の許可は、許可証が悪用されるおそれがある等から、迅速な取消しが必要でした。

　一方、旧古物営業法では3月以上所在不明である古物商等の許可を取り消すことができることとされていましたが、実際には、古物商等が3月以上所在不明であることを立証し、さらに聴聞を実施する必要があるなど、迅速な取消しを行うことができませんでした。そこで今回の改正により、公安委員会は公告から30日経過しても申出がない場合は、聴聞を実施できないことが明らかなため、聴聞を経ずに取消しを行うことが可能となりました。

5　欠格事由の追加　⇒詳しくは５ページへ

┌─【ポイント】─────────────────────────────┐
　暴力団員等は、古物営業を営むことができなくなりました！
　また、窃盗罪で罰金刑に処せられた場合も、一定期間古物営業を営むことがで
きなくなりました！
└──────────────────────────────────────┘

　旧古物営業法では、盗品等の売買の防止等という法目的を達成する上で必要最小限の規制を行うという観点から、一定の前科を有すること等が欠格事由として定められており、暴力団員等を排除する規定は設けられていませんでした。しかし、暴力団員等による組織的な自動車窃盗等が敢行され、古物商等としての立場が盗品処分に利用されるおそれが高まっていることを踏まえ、今回の改正により、暴力団員等の排除規定（改正法第４条第３号及び４号）が設けられました。

　また、平成18年の刑法改正により、窃盗罪にも罰金刑が設けられたことから、改正法第４条第２号により「窃盗罪を犯して罰金刑に処され、その執行が終わり、又は執行を受けることのなくなった日から起算して５年を経過しない者」が追加されました。

　なお、改正法施行後、新たに追加された欠格事由に該当する古物商に対する許可は取り消されることとなります。

6　非対面取引における相手方の確認方法の追加　⇒詳しくは22ページへ

┌─【ポイント】─────────────────────────────┐
　古物の非対面取引をする際の相手方の確認方法が追加されました！
└──────────────────────────────────────┘

第1章

古物営業を営む人へのガイド

1 古物営業を始めるにはどうしたらよいのか？

　古物営業を始めるためには、何をしなければならないのでしょうか。また、どのような手続が必要なのでしょうか。

　古物営業を始めるには、公安委員会（以下、特に断りなき場合には、「都道府県公安委員会」を指すものとします。）の許可を受けること又は公安委員会に届出をすることが必要になります。

① 基本的な言葉の定義

　ここで、具体的な手続等の話に入る前に、古物営業に関連する基本的な言葉の定義について触れてみましょう。なお、これらは、第2章の「用語の解説」にも掲載されていますので参照してください。

(1) 古物営業とは

法第2条第2項

　この法律において「古物営業」とは、次に掲げる営業をいう。
　⑴　古物を売買し、若しくは交換し、又は委託を受けて売買し、若しくは交換する営業であつて、古物を売却すること又は自己が売却した物品を当該売却の相手方から買い受けることのみを行うもの以外のもの
　⑵　古物市場（古物商間の古物の売買又は交換のための市場をいう。以下同じ。）を経営する営業
　⑶　古物の売買をしようとする者のあつせんを競りの方法（政令で定める電子情報処理組織を使用する競りの方法その他の政令で定めるものに限る。）により行う営業（前号に掲げるものを除く。以下「古物競りあつせん業」という。）

　古物営業とは、次の3つの営業をいいます。
① 　<u>古物を売買し、若しくは交換し、又は委託を受けて売買し、若しくは交換する営業</u>（以下「**古物商営業**」といいます。）

　　なお、この古物商営業に関しては、盗品等の混入のおそれが乏しい次の営業形

態を規制対象から除外する旨の規定が設けられています。ここで除外されるのは、

　ア　古物の買取りを行わず、古物の売却だけを行う営業

　イ　自己が売却した物品を当該売却の相手方から買い受けることのみを行う営業

です。

　このアの営業形態の中には、無償又は引取り料を徴収して引き取った古物を修理して販売するものが含まれています。

　また、イの具体的な営業形態としては、ある業者「A」が物品を顧客「B」に販売し、その後に「B」から「A」が第三者を介さずにその物品を買い戻すといった行為だけを行うものがあげられます。

②　古物市場（古物商間の古物の売買又は交換のための市場）を経営する営業（以下**「古物市場営業」**といいます。）

③　古物の売買をしようとする者のあっせんを競りの方法（政令で定める電子情報処理組織を使用する競りの方法その他の政令で定めるものに限る。）により行う営業（ただし、古物市場営業に当たるものを除きます。以下**「インターネット・オークション営業」**といいます。）

⑵　古物とは

　それでは、「古物」とは何をいうのでしょうか。

法第2条第1項

　この法律において「古物」とは、一度使用された物品（鑑賞的美術品及び商品券、乗車券、郵便切手その他政令で定めるこれらに類する証票その他の物を含み、大型機械類（船舶、航空機、工作機械その他これらに類する物をいう。）で政令で定めるものを除く。以下同じ。）若しくは使用されない物品で使用のために取引されたもの又はこれらの物品に幾分の手入れをしたものをいう。

　古物とは、次のものをいいます。

①　一度使用された物品

②　使用されない物品で使用のために取引されたもの

③　これらいずれかの物品に「幾分の手入れ」をしたもの

　ここでいう「使用」とは、その物本来の目的に従ってこれを「使う」ことをいいます。例えば、衣類についての「使用」とは着用することであり、自動車についての「使用」とは運行の用に供することであり、鑑賞的美術品についての「使用」と

は鑑賞することです。

　また、「幾分の手入れ」とは、物の本来の性質、用途に変化を及ぼさない形で、修理等を行うことをいいます。

　さらに、「物品」には、商品券、乗車券、郵便切手などのいわゆる「金券類」が含まれますが、船舶、航空機、工作機械などの大型機械類は含まれません。

⑶　古物商とは

　法第3条の規定による許可を受けて古物商営業を営む人をいいます。

> **法第2条第3項**
>
> 　この法律において「古物商」とは、次条の規定による許可を受けて前項第1号に掲げる営業を営む者をいう。

⑷　古物市場主とは

　法第3条の規定による許可を受けて古物市場営業を営む人をいいます。

> **法第2条第4項**
>
> 　この法律において「古物市場主」とは、次条の規定による許可を受けて第2項第2号に掲げる営業を営む者をいう。

⑸　古物競りあっせん業者とは

　インターネット・オークション営業を営む人をいいます。

> **法第2条第5項**
>
> 　この法律において「古物競りあつせん業者」とは、古物競りあつせん業を営む者をいう。

⑹　公安委員会（都道府県公安委員会）とは

　都道府県警察を管理する行政機関をいいます。

② 公安委員会の許可を受ける手続（古物商営業及び古物市場営業）

古物許可を受けるための手続の話をする前に、許可を受けようとする人が「欠格事由」に該当しないことを確認しましょう。

⑴ 許可を受けられない方（欠格事由）

┌**法第4条**─────────────────────────

公安委員会は、前条の規定による許可を受けようとする者が次の各号のいずれかに該当する場合においては、許可をしてはならない。

⑴　破産手続開始の決定を受けて復権を得ない者

⑵　禁錮以上の刑に処せられ、又は第31条に規定する罪若しくは刑法（明治40年法律第45号）第235条、第247条、第254条若しくは第256条第2項に規定する罪を犯して罰金の刑に処せられ、その執行を終わり、又は執行を受けることのなくなつた日から起算して5年を経過しない者

⑶　集団的に、又は常習的に暴力的不法行為その他の罪に当たる違法な行為で国家公安委員会規則で定めるものを行うおそれがあると認めるに足りる相当な理由がある者

⑷　暴力団員による不当な行為の防止等に関する法律（平成3年法律第77号）第12条若しくは第12条の6の規定による命令又は同法第12条の4第2項の規定による指示を受けた者であつて、当該命令又は指示を受けた日から起算して3年を経過しないもの

⑸　住居の定まらない者

⑹　第24条第1項の規定によりその古物営業の許可を取り消され、当該取消しの日から起算して5年を経過しない者（許可を取り消された者が法人である場合においては、当該取消しに係る聴聞の期日及び場所が公示された日前60日以内に当該法人の役員であつた者で当該取消しの日から起算して5年を経過しないものを含む。）

⑺　第24条第1項の規定による許可の取消しに係る聴聞の期日及び場所が公示された日から当該取消しをする日又は当該取消しをしないことを決定する日までの間に第8条第1項第1号の規定による許可証の返納をした者（その古物営業の廃止について相当な理由がある者を除く。）で、当該返納の日から

　　起算して５年を経過しないもの

⑻　心身の故障により古物商又は古物市場主の業務を適正に実施することができない者として国家公安委員会規則で定めるもの

⑼　営業に関し成年者と同一の行為能力を有しない未成年者。ただし、その者が古物商又は古物市場主の相続人であつて、その法定代理人が前各号及び第11号のいずれにも該当しない場合を除くものとする。

⑽　営業所（営業所のない者にあつては、住所又は居所をいう。以下同じ。）又は古物市場ごとに第13条第１項の管理者を選任すると認められないことについて相当な理由がある者

⑾　法人で、その役員のうちに第１号から第８号までのいずれかに該当する者があるもの

　許可を受けることができないのは、分かりやすく説明すると、

①　破産手続開始の決定を受けて復権を得ない者

②　（罪種を問わず）禁錮刑や懲役刑に処せられ、又は無許可古物営業や名義貸しのほか窃盗、背任、遺失物横領、盗品譲受け等で罰金刑に処せられ、その執行を終わり、又はその執行を受けなくなってから５年を経過しない者

③　暴力団員

④　暴力団員でなくなってから５年を経過しない者

⑤　暴力団以外の犯罪組織の構成員で、強いぐ犯性が認められる者

⑥　暴力団対策法第12条、第12条の４第２項及び第12条の６の命令又は指示を受けた者であって、受けてから３年を経過しない者

⑦　住居の定まらない者

⑧　法第24条の規定により古物営業の許可を取り消された者等

⑨　精神機能の障害により古物営業を適正に営めない者

⑩　一定の未成年

⑪　営業所又は古物市場ごとに管理者を選任しないと考えられる者

⑫　法人で、役員に①から⑨までのいずれかに該当する者があるもの

となります。欠格事由に該当する場合には、許可を受けることができません。

⑵　どの公安委員会の許可を受けたらよいのか

　新たに古物商営業又は古物市場営業を始める人が、その許可を受けるためには、どこの公安委員会に対して申請すればよいのでしょうか。

> **法第3条**
>
> 　前条第2項第1号又は第2号に掲げる営業を営もうとする者は、都道府県公安委員会（以下「公安委員会」という。）の許可を受けなければならない。

　それは、

① 　古物商営業を営もうとする人（古物商になろうとする人）は、主たる営業所が所在する都道府県の公安委員会

② 　古物市場営業を営もうとする人（古物市場主になろうとする人）は、主たる古物市場が所在する都道府県の公安委員会

となります。

　なお、2つ以上の営業所を設けて営業を行おうとする場合は、主たる営業所又は古物市場の所在地を管轄する公安委員会に許可申請を行う際、その他の営業所に関しても名称及び所在地について記載し、申請する必要があります。

＊＊　実務ガイダンス　＊＊

♠　1つの古物商、古物市場主に対して1つの許可

　改正古物営業法（令和2年4月1日施行）により、主たる営業所又は古物市場の所在地を管轄する公安委員会の許可を受けている古物商や古物市場主が、他の都道府県に営業所又は古物市場を設ける場合は、新設する旨の「変更届出」を事前に行うことで足りることとなりました。これにより、いわば許可が全国で一本化され、1つの古物商又は古物市場主に対して1つの許可が与えられることになりました。

⑶　どの警察署に許可申請すればよいのか

　それでは、具体的に公安委員会の許可を受けるためには、どこの警察署に許可申請したらよいのでしょうか。

> **施行規則第1条の3第2項**
>
> 　法第5条第1項の規定により都道府県公安委員会（以下「公安委員会」という。）に許可申請書を提出する場合においては、主たる営業所（営業所のない者にあっては、住所又は居所をいう。以下同じ。）又は古物市場の所在地の所轄警察署長を経由して、1通の許可申請書を提出しなければならない。

　公安委員会に許可申請書を提出する場合においては、直接公安委員会に書類を持ち込むのではなく、主たる営業所（営業所のない方は、住所又は居所をいいます。以下同じ。）又は主たる古物市場の所在地の所轄警察署長（実際の窓口は、所轄警察署の生活安全担当課になります。）を通じて1通の許可申請書を提出しなければならないと定められています。

⑷　許可申請のための提出書類

　許可申請のためには、許可申請書と添付書類が必要となります。

法第5条第1項

　第3条の規定による許可を受けようとする者は、その主たる営業所又は古物市場の所在地を管轄する公安委員会に、次に掲げる事項を記載した許可申請書を提出しなければならない。この場合において、許可申請書には、国家公安委員会規則で定める書類を添付しなければならない。

　⑴　氏名又は名称及び住所又は居所並びに法人にあつては、その代表者の氏名

　⑵　主たる営業所又は古物市場その他の営業所又は古物市場の名称及び所在地

　⑶　営業所又は古物市場ごとに取り扱おうとする古物に係る国家公安委員会規則で定める区分

　⑷　第13条第1項の管理者の氏名及び住所

　⑸　第2条第2項第1号に掲げる営業を営もうとする者にあつては、行商（仮設店舗（営業所以外の場所に仮に設けられる店舗であつて、容易に移転することができるものをいう。以下同じ。）を出すことを含む。以下同じ。）をしようとする者であるかどうかの別

　⑹　第2条第2項第1号に掲げる営業を営もうとする者にあつては、その営業の方法として、取り扱う古物に関する事項を電気通信回線に接続して行う自動公衆送信（公衆によつて直接受信されることを目的として公衆からの求めに応じ自動的に送信を行うことをいい、放送又は有線放送に該当するものを除く。以下同じ。）により公衆の閲覧に供し、その取引の申込みを国家公安委員会規則で定める通信手段により受ける方法を用いるかどうかの別に応じ、当該古物に関する事項に係る自動公衆送信の送信元を識別するための文字、番号、記号その他の符号又はこれに該当しない旨

　⑺　法人にあつては、その役員の氏名及び住所

　許可申請書は、最寄りの警察署の生活安全担当課で入手することができるほか、

本書の読者の方は、<u>東京法令出版のウェブサイト</u>（ＵＲＬ　https://www.tokyo-horei.co.jp/policeman/kobutsueigyo-yoshiki/）からもダウンロードできます。

　許可申請書に添付すべき書類については、施行規則第１条の３第３項（197・198ページ）に定められています。

〈申請者が個人の場合〉

　個人が古物商営業の許可を申請する場合は、以下の書類を提出することになります。

　なお、申請者本人が管理者（18ページ参照）となる場合には、①〜④の書類は省略できます。

【必須】

　　①　最近５年間の略歴を記載した書面

　　②　住民票の写し（戸籍の表示、国籍等を記載したもの）

　　③　欠格事由に該当しない旨を記載した誓約書

　　④　従前の例によることとされる準禁治産者又は破産手続開始の決定を受けて復権を得ない者に該当しない旨の市町村（東京23区を含みます。）の長の証明書

　　⑤　選任する管理者に係る最近５年間の略歴を記載した書面

　　⑥　選任する管理者に係る住民票の写し（戸籍の表示、国籍等を記載したもの）

　　⑦　選任する管理者に係る従前の例によることとされる準禁治産者又は破産手続開始の決定を受けて復権を得ない者に該当しない旨の市町村の長の証明書

　　⑧　選任する管理者に係る欠格事由に該当しない旨を記載した誓約書

【該当する方のみ】

　　⑨　未成年者（結婚をして、成年に達したとみなされる方を除きます。）で古物営業を営むことに関し法定代理人の許可を受けている方は、

　　　⑴　法定代理人の氏名及び住所（法定代理人が法人である場合においては、その名称及び住所並びに代表者の氏名）を記載した書面

　　　⑵　法定代理人の許可を受けていることを証明する書面

　　⑩　古物商の相続人である未成年者で、古物営業を営むことに関し法定代理人の許可を受けていない方は、

　　　⑴　相続人である未成年者の氏名及び住所を記載した書面

　　　⑵　営業所の所在地を記載した書面

　　　⑶　法定代理人に係る最近５年間の略歴を記載した書面

　　　⑷　法定代理人に係る住民票の写し（戸籍の表示、国籍等を記載したもの）

　⑸　法定代理人に係る欠格事由に該当しない旨を記載した誓約書

　⑪　ホームページ利用取引をしようとする場合は、そのホームページのＵＲＬ
　　を使用する権限のあることを疎明する資料

〈申請者が法人の場合〉

　法人が古物商営業の許可を申請する場合は、以下の書類を提出することとなります。

　【必須】

　①　定款

　②　登記事項証明書

　③　役員に係る最近５年間の略歴を記載した書面

　④　役員に係る住民票の写し（戸籍の表示、国籍等を記載したもの）

　⑤　役員に係る欠格事由に該当しない旨を記載した誓約書

　⑥　役員に係る従前の例によることとされる準禁治産者又は破産手続開始の決
　　定を受けて復権を得ない者に該当しない旨の市町村（東京23区を含みます。）
　　の長の証明書

　⑦　選任する管理者に係る最近５年間の略歴を記載した書面

　⑧　選任する管理者に係る住民票の写し（戸籍の表示、国籍等を記載したもの）

　⑨　選任する管理者に係る従前の例によることとされる準禁治産者又は破産手
　　続開始の決定を受けて復権を得ない者に該当しない旨の市町村の長の証明書

　⑩　選任する管理者に係る欠格事由に該当しない旨を記載した誓約書

　【該当する場合のみ】

　⑪　ホームページ利用取引をしようとする場合は、そのホームページのＵＲＬ
　　を使用する権限のあることを疎明する資料

　個人、法人の場合とも⑪は、例えば、申請者がプロバイダやインターネットのモールショップの運営者からそのホームページのＵＲＬの割当てを受けた際の通知書の写し等が該当します（110ページも参照してください。）。

　これらの資料を紛失、汚損等した場合は、株式会社日本レジストリサービスの「ＷＨＯＩＳ」で公開されている情報で所要の疎明ができるとき（その情報中の「ドメイン名」と「組織名」がそれぞれ届出書に記載されているＵＲＬのドメインと氏名又は名称と一致しているときに限ります。）には、それを印刷した書面を提出することもできます。

　なお、提出しようとする通知書に、申請者のＩＤ・パスワードが記載されている場合には、これらを消しておくようにしてください。

　また、古物市場の規約に付すべき書類は、当該古物市場に参集する主たる古物商の住所及び氏名を記載した名簿とされています（施行規則第１条の３第４項）。

―――――――――＊＊　実務ガイダンス　＊＊―――――――――

♠　欠格事由に該当しない旨の市町村（特別区を含む。）の長の証明書

　「成年被後見人等の権利の制限に係る措置の適正化等を図るための関係法律の整備に関する法律」の施行に伴い、これまで古物営業の許可の欠格事項とされていた成年被後見人又は被保佐人について、除外されることとなりました。よって、添付資料として旧施行規則で必要とされていた「成年被後見人又は被保佐人でないこと」の証明に関する「登記事項証明書」は不要となります。

　ただし、破産手続開始の決定を受けて復権を得ない者については、引き続き古物営業の許可の欠格事項とされているため、これらに該当しないことを証明する必要があります。

　よって、従前どおりの本籍地の市町村の長が発行する準禁治産者又は破産手続開始の決定を受けて復権を得ない者でないことを証明する書面が必要となります。

　なお、外国人の方は、市町村の長の証明書は必要ありません。

⑸　許　可　証

①　許可証の記載事項

　公安委員会が許可をしたときには、許可証が交付されます（法第５条第２項）。許可証の具体的な様式については、第４章施行規則別記様式第２号（古物商、219ページ）、第３号（古物市場主、219ページ）を御覧ください。

②　許可証の再交付

　許可証の交付を受けた人は、許可証を亡失し、又は許可証が滅失したときは、速やかにその旨を主たる営業所又は古物市場の所在地を管轄する公安委員会に（所轄警察署長を経由して）届け出て、許可証の再交付を受けなければなりません。

―**法第５条第４項**―――――――――――――――――――――――

　許可証の交付を受けた者は、許可証を亡失し、又は許可証が滅失したときは、速やかにその旨を主たる営業所又は古物市場の所在地を管轄する公安委員会に届け出て、許可証の再交付を受けなければならない。

　なお、許可証の再交付の申請については、次のように定められています。

> **施行規則第4条第1項**
> 　法第5条第4項の規定により許可証の再交付を受けようとする者は、主たる営業所又は古物市場の所在地を管轄する公安委員会に、別記様式第4号の再交付申請書を提出しなければならない。

③　許可証の書換え

　　営業内容に変更があったときは、主たる営業所又は古物市場の所在地を管轄する公安委員会に（所轄警察署長を経由して）変更届出書を提出しなければなりません（詳しくは、本章「4　営業内容に変更があったときはどうしたらよいのか？」60ページ以降を参照してください。）。営業内容の変更のうち、許可証の記載事項に該当するものがある場合には、許可証の書換えを受けなければなりません。

> **法第7条第5項**
> 　第1項又は第2項の規定により届出書を提出する場合において、当該届出書に係る事項が許可証の記載事項に該当するときは、その書換えを受けなければならない。

　　なお、許可証の書換えの申請については、次のように定められています。

> **施行規則第5条第9項**
> 　法第7条第5項の規定により許可証の書換えを受けようとする者は、主たる営業所又は古物市場の所在地を管轄する公安委員会に、別記様式第6号の書換申請書及び当該許可証を提出しなければならない。

　　ここで、注意すべきなのは、再交付や書換えの申請は<u>主たる営業所又は古物市場の所在地を管轄する公安委員会に対して（所轄警察署長を経由して）</u>行わなければならないことです。

> **施行規則第4条第2項**
> 　前項の規定により再交付申請書を提出する場合においては、主たる営業所又は古物市場の所在地の所轄警察署長を経由して、1通の再交付申請書を提出しなければならない。

┌─**施行規則第５条第10項**─────────────────────────┐
第４条第２項の規定は、前項の規定により書換申請書及び許可証を提出する場合について準用する。この場合において、同条第２項中「の再交付申請書」とあるのは「の書換申請書及び許可証」と読み替えるものとする。
└────────────────────────────────────┘

許可証の書換え又は再交付

古物商等　　　書換申請書＋許可証を提出　　　再交付申請書を提出　　　主たる営業所等の所在地の所轄警察署長

⑹　手　数　料

　古物商営業及び古物市場営業に関する手数料については、地方公共団体の手数料の標準に関する政令（平成12年政令第16号）によって、地方公共団体が条例で定める手数料を徴収する事務及び手数料の標準となる額が定められることとなりました。政令で定める標準額については次のとおりです。

①　古物営業の許可に対する審査……19,000円
②　許可証の再交付………………… 1,300円
③　許可証の書換え………………… 1,500円

③　公安委員会に届出をする手続（インターネット・オークション営業）

次に、公安委員会に届出をするための手続の話に入りましょう。

⑴　どの公安委員会にいつまでに届出をすればよいのか

インターネット・オークション営業を開始した人は、どこの公安委員会に、いつまでに営業開始の届出をすればよいのでしょうか。

---**法第10条の２第１項**---

古物競りあつせん業者は、営業開始の日から２週間以内に、営業の本拠となる事務所（当該事務所のない者にあつては、住所又は居所をいう。以下同じ。）の所在地を管轄する公安委員会に、次に掲げる事項を記載した届出書を提出しなければならない。この場合において、届出書には、国家公安委員会規則で定める書類を添付しなければならない。

⑴　氏名又は名称及び住所又は居所並びに法人にあつては、その代表者の氏名

⑵　営業の本拠となる事務所その他の事務所の名称及び所在地

⑶　法人にあつては、その役員の氏名及び住所

⑷　第２条第２項第３号の競りの方法その他業務の実施の方法に関する事項で国家公安委員会規則で定めるもの

それは、営業の本拠となる事務所（このような事務所を設けていない場合は、住所又は居所をいいます。以下同じ。）の所在地を管轄する公安委員会に、営業開始の日から２週間以内に提出することとなります。

⑵　どの警察署に届出書を提出すればよいのか

それでは、具体的に管轄公安委員会に届出をするためには、どこの警察署に届け出ればよいのでしょうか。

┌─**施行規則第９条の２第２項**─────────────────────┐

　法第10条の２第１項の規定により公安委員会に届出書を提出する場合においては、営業の本拠となる事務所（当該事務所のない者にあっては、住所又は居所をいう。以下同じ。）の所在地の所轄警察署長を経由して、１通の届出書を提出しなければならない。

└──────────────────────────────────┘

　公安委員会に届出をする場合においては、営業の本拠となる事務所の所在地の所轄警察署長(実際の窓口は、所轄警察署の<u>生活安全担当課</u>になります。)を経由して、１通の営業開始届出書を提出しなければならないと定められています。

⑶　提 出 書 類

　インターネット・オークション営業を開始したときの届出には、営業開始届出書と添付書類が必要となります。営業開始届出書の具体的な様式については、第４章施行規則別記様式第11号の２（225ページ）を御覧ください。

　添付書類については、次のとおり定められています。

┌─**施行規則第９条の２第３項**─────────────────────┐

　法第10条の２第１項の国家公安委員会規則で定める書類は、次のとおりとする。

　⑴　届出者が個人である場合には、住民票の写し

　⑵　届出者が法人である場合には、定款及び登記事項証明書

　⑶　あっせんの相手方から送信された古物に関する事項及びその買受けの申出に係る金額に係る自動公衆送信の送信元識別符号を使用する権限のあることを疎明する資料

└──────────────────────────────────┘

　個人の場合は、

①　住民票の写し（戸籍の表示、国籍等を記載したもの）

②　ホームページのＵＲＬを使用する権限のあることを疎明する資料

　法人の場合は、

①　定款

②　登記事項証明書

③　ホームページのＵＲＬを使用する権限のあることを疎明する資料

となります。

　個人の②又は法人の③の資料に関する説明は、10ページを参照してください。

❷　古物営業を営む人の基本的なルールは何か？

　古物営業法の第 3 章及び第 3 章の 2 （第11条〜第21条の 7 ）には、古物営業を営む人の遵守事項、禁止行為のほか、盗品等の流通を防止し、被害品の迅速な発見を図るため必要な規定が設けられています。

《古物商又は古物市場主の遵守事項等》

① 標識の掲示等

> **法第12条第 1 項**
>
> 　古物商又は古物市場主は、それぞれ営業所若しくは仮設店舗又は古物市場ごとに、公衆の見やすい場所に、国家公安委員会規則で定める様式の標識を掲示しなければならない。

　この標識は、その古物商又は古物市場主が古物商営業又は古物市場営業の許可を受けているものであるかどうかを容易に識別することができるようにして、無許可営業者を排除することにより、古物営業の健全な発展を図ろうとするものです。
　具体的な標識の様式は、大別すると次の 2 通りがあります。
① 　施行規則別記様式に定めるもの
　ア　別記様式第13号（古物商の営業所又は仮設店舗、229ページ）
　イ　別記様式第14号（古物市場、229ページ）
② 　古物商又は古物市場主によって組織された団体で一定の要件を満たすものが、その構成員である古物商又は古物市場主に共通して利用させるものとして定めた様式で、国家公安委員会又は公安委員会の承認を受けたもの（施行規則第12条、行商従業者証等の様式の承認に関する規程）
　一般社団法人日本中古自動車販売協会連合会、全国刀剣商業協同組合及び日本チケット商協同組合がこの承認を受けています。

┌─**法第12条第2項**─────────────────────┐

　古物商又は古物市場主は、その事業の規模が著しく小さい場合その他の国家公安委員会規則で定める場合（その者が特定古物商である場合を除く。）を除き、国家公安委員会規則で定めるところにより、その氏名又は名称、許可をした公安委員会の名称及び許可証の番号（次項において「氏名等」という。）を電気通信回線に接続して行う自動公衆送信により公衆の閲覧に供しなければならない。

└──────────────────────────────┘

┌─**施行規則第13条の2**───────────────────┐

　法第12条第2項の国家公安委員会規則で定める場合は、次の各号のいずれかに該当する場合とする。

⑴　常時使用する従業者の数が5人以下である場合

⑵　当該古物商又は古物市場主が管理するウェブサイトを有していない場合

2　法第12条第2項の規定による公衆の閲覧は、当該古物商又は古物市場主のウェブサイトへの掲載により行うものとする。

└──────────────────────────────┘

　古物商は、ホームページ利用取引をしようとするときは、その取り扱う古物に関する事項と共に、その氏名又は名称、許可をした公安委員会の名称及び許可証の番号をそのホームページに表示しなければならないこととされています。

　許可証の番号等は「その取り扱う古物に関する事項と共に」表示しなければならないので、取り扱う古物を掲載している個々のページに表示するのが原則ですが、古物を取り扱うサイトのトップページに表示すること、トップページ以外のページに表示し、当該ページへのリンク（古物営業法の規定に基づく表示を行っているページへのリンクであることが分かるものに限ります。）をトップページに設定することも認められます。

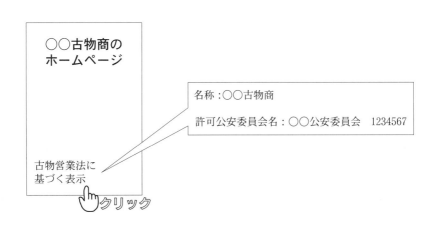

② 管理者の選任

　法第13条には、管理者の設置義務等について次のように定められています。

① 　古物商又は古物市場主は、営業所又は古物市場ごとに、その営業所又は古物市場に係る業務を適正に実施するための責任者として、管理者一人を選任することが義務付けられています。

法第13条第1項

　古物商又は古物市場主は、営業所又は古物市場ごとに、当該営業所又は古物市場に係る業務を適正に実施するための責任者として、管理者一人を選任しなければならない。

---

② 　管理者の人的欠格事由が定められています。その内容は、古物商等の欠格事由（法第4条）とほぼ同じです。

法第13条第2項

　次の各号のいずれかに該当する者は、管理者となることができない。
　⑴　未成年者
　⑵　第4条第1号から第7号までのいずれかに該当する者
　⑶　心身の故障により管理者の業務を適正に実施することができない者として
　　　国家公安委員会規則で定めるもの

　上記第2号の下線部の「第4条第1号から第7号まで」とは、具体的には、
　○　破産手続開始の決定を受けて復権を得ない者
　○　（罪種を問わず）禁錮刑や懲役刑に処せられ、又は無許可古物営業や名義貸しのほか窃盗、背任、遺失物横領、盗品譲受け等で罰金刑に処せられ、その執行を終わり、又はその執行を受けなくなってから5年を経過しない者
　○　暴力団員
　○　暴力団員でなくなってから5年を経過しない者
　○　暴力団以外の犯罪組織の構成員で、強いぐ犯性が認められる者
　○　暴力団対策法第12条、第12条の4第2項及び第12条の6の命令又は指示を受けた者であって、受けてから3年を経過しない者
　○　住居の定まらない者
　○　法第24条の規定により古物営業の許可を取り消された者等

です。

③　古物商等は、各管理者に、取り扱う古物が不正品であるかどうかを判断するために必要とされる一定の知識、技術又は経験を得させるよう努めなければならないとされています。

> **法第13条第3項**
>
> 　古物商又は古物市場主は、管理者に、取り扱う古物が不正品であるかどうかを判断するために必要なものとして国家公安委員会規則で定める知識、技術又は経験を得させるよう努めなければならない。

④　古物商又は古物市場主は、自らを管理者に選任することもできます。

＊＊　実務ガイダンス　＊＊

♠　不正品であるかどうかを判断するために必要な知識、技術又は経験を得させる努力義務

　古物商又は古物市場主は、管理者に対し、取り扱う古物が不正品であるかどうかを判断するために必要なものとして<u>国家公安委員会規則で定める知識、技術又は経験</u>を得させるよう努めなければならないという努力義務が課されています。

　施行規則では、自動車、自動二輪車又は原動機付自転車を取り扱う営業所又は古物市場の管理者に対して、古物商又は古物市場主が得させるよう努めなければならない知識、技術又は経験が次のとおり定められています。

> **施行規則第14条**
>
> 　法第13条第3項の国家公安委員会規則で定める知識、技術又は経験は、自動車、自動二輪車又は原動機付自転車を取り扱う営業所又は古物市場の管理者については、不正品の疑いがある自動車、自動二輪車又は原動機付自転車の車体、車台番号打刻部分等における改造等の有無並びに改造等がある場合にはその態様及び程度を判定するために必要とされる知識、技術又は経験であって、当該知識、技術又は経験を必要とする古物営業の業務に3年以上従事した者が通常有し、一般社団法人又は一般財団法人その他の団体が行う講習の受講その他の方法により得ることができるものとする。

③　相手方の確認等

　法第15条には、古物商が古物の買受け等を行う際に行われなければならない相手方の確認等の義務及び不正品の申告義務について定められています。

　これは、盗品等の古物流通市場への流入の防止という古物営業法の目的を達成するために課されている重要な義務ですので、その方法について正しく理解し、適正に履行しましょう。

　古物商は、

① 　古物を買い受ける場合

② 　古物を交換する場合

③ 　古物の売却又は交換の委託を受ける場合

は、相手方の真偽を確認する措置をとらなければなりません（法第15条第1項。181ページ参照）。

　相手方の確認は、形式的に行えばよいというものではなく、相手方の態度、仕草、取引しようとしている古物の性質、数量、状態等を考慮して、<u>相手方の真偽を確認するために行うもの</u>であるということに十分注意してください。

　では、どのような措置を執ればよいのでしょうか。法や規則の条文が非常に長いものもあるので、ここでは一般的な分かりやすい表現で説明しますが、詳しくは次の「実務ガイダンス」や巻末のそれぞれの規定を参照してください。

＊＊　実務ガイダンス　＊＊

　相手方の確認の中でよく出てくる用語の意義は、次のとおりです。

【身分証明書等】

　1通しか発行・発給されないもので、住所、氏名及び生年月日（又は年齢）を証明する書類です。例えば、マイナンバーカード、運転免許証、国民健康保険の被保険者証などがあります。

【到達を確かめる】

① 　送付した本人限定受取郵便物等を古物と同封で返送させる方法

② 　本人限定受取郵便等により受付票等を送付し、その受付票等を古物と同封で返送させる方法

③ 　本人限定受取郵便物等に受付番号等を記載して送付し、その受付番号等を電話、電子メール等により連絡させる方法

④　本人限定受取郵便等で往復葉書を送付し、その返信部を送付させる方法

⑤　本人限定受取郵便等で梱包材を送付し、その梱包材で梱包して古物を送付させる方法（古物商が送付した梱包材と相手方から送付を受けた古物の梱包材との同一性が判断できるように、自社専用で第三者が入手できない梱包材を使用する、梱包材に個別の番号を付しておくなどの措置が必要です。）

【住民票の写し】

　「住民票」とは市区町村で管理されるものであり、「住民票の写し」とは市区町村の窓口などで発行された原本を指します。特殊な用紙であることがほとんどで、これをコピー機でコピーしたものには「コピー」や「複写」の文字が浮かび上がります。窓口でもらった「住民票の写し」をコピーしたものは「住民票の写し」ではありません！

【住民票の写し等】

　住民票の写し、戸籍の附票の写し、印鑑登録証明書などです。これらは、原本が複数発行される点が身分証明書等とは異なります。

【配達記録郵便物等】

　引受け及び配達が記録される郵便物や貨物をいい、現在サービスが提供されているものでは書留などがこれに当たります。なお、特定記録郵便というサービスが提供されていますが、これは「引受け」は記録されるものの「配達」は記録されませんので、確認措置に用いることはできません。

【転送をしない取扱い】

　差出人等が指定した送付先と異なる場所に送付する取扱いをしないことをいいます。例えば、送付先が不在であった場合に宅配ボックスに入れたり、隣人に預けるという取扱いは、これに該当しません。

　転送をしない取扱いが求められているのは、差出人等が指定した送付先と異なる場所に送付されれば、配達記録郵便物等を送付してその到達を確かめても、その送付先の住所等に相手方が住んでいることが確実に分かるとはいえないからです。

【補完書類】

　身分証明書等や住民票の写し等と併せて確認措置に用いることができる書類です。公共料金や社会保険料の領収書、納税証明書など（領収日付の押印又は発行年月日の記載があるもので、その日付が6か月以内のものに限ります。）のほか、官公庁が発行した書類等で氏名及び住所が記載されているもの（マイ

　ナンバー通知カードを除きます。）などがあります。

〈古物商が相手方と対面して取引する場合〉

① 　身分証明書等の提示を受けて住所、氏名、職業及び年齢を確認すること（法
第15条第１項第１号及び施行規則第15条第１項）。

身分証明書等の提示を受ける。

古物商　◀─────────────────　売　主

住所、氏名、職業及び年齢を確認する。　────▶

　この措置は、相手方を確認する方法としては最も一般的です。注意すべき点は、
古物商はどの措置をとるにしても住所、氏名、年齢のみならず、職業も確認しなけ
ればならないことです。「会社員」や「自営業」だけでは、真にそうなのか普通は
分かりませんので、勤め先や屋号を尋ねるなどして確認してください。

② 　住所、氏名、職業及び年齢が記載され、古物商等の面前で署名をさせた文書
を提出させること（法第15条第１項第２号及び施行規則第15条第２項）。

古物商　◀─────　住所、氏名、職業及び年齢が記載された、面前で署　売　主
名させた文書の提出を受ける。

その内容が真正なものではない疑いがあると認めるときは、①の措置をとる。

　この措置は、相手方の住所等が記載された文書へ署名させるという方法です。署
名は、ボールペンのような改ざんできない筆記用具を用い、古物商等の面前におい
てなされなければなりません。つまり、あらかじめ署名してある文書の交付を受け
ても確認をしたことになりません。これは、面前で署名しなければ、相手方本人の
署名であるかどうかが確認できないからです。

　また、例えば、自らの住所を書く際に迷う素振りを見せたり、メモを参照するな
どの不審点があれば、運転免許証その他の身分証明書の提示を改めて求めるなど、
当該不審点を払拭しなければならず、ただ漫然と署名するのを待っているだけでは、
確認したことにはなりません。

〈古物商が相手方と対面しないで取引する場合〉

③ 　印鑑登録証明書とその印鑑を押した文書の送付を受けること（施行規則第15

条第3項第1号）。

> 古物商　◀──　印鑑登録証明書とその印鑑を押した文書の送付を
> 　　　　　　　受ける。　　　　　　　　　　　　　　　　　　　　　　　売　主

　「書面」には特に制約はなく、買取り申込書、査定申込書等のほか、印影以外に何も記載されていないものでも構いません。

　なお、この措置においては、併せて、相手方からその住所等の申出を受けなければなりません。

> ④　本人限定受取郵便を送付し、その到達を確かめること（施行規則第15条第3項第2号）。
>
> 古物商　──　本人限定受取郵便を送付し、その到達を確認する。　──▶　売　主

　この措置は、本人限定受取郵便物等が、名宛て人等であることを証明するに足りる一定の書類を提示しなければ受け取ることができない取扱いをされることを利用して、相手方が名宛て人本人であることを疎明させるものです。

　なお、この措置においては、併せて、相手方からその住所等の申出を受けなければなりません。

> ⑤　古物の買取代金を本人限定受取郵便で送る契約を結ぶこと（施行規則第15条第3項第3号）。
>
> 古物商　──　古物の買取代金を本人限定受取郵便で送る。　──▶　売　主

　この措置は、合意された方法（つまり、本人限定受取郵便等で金品を送付する方法を指します。）により実際に支払いが行われることを前提としていますので、古物商がその合意と異なる方法により代金を支払う場合には、改めて相手方の真偽を確認するための措置をとることが必要です。

　なお、この措置においては、併せて、相手方からその住所等の申出を受けなければなりません。

> ⑥　【住民票の写し等と転送不要の配達記録郵便の到達確認】（施行規則第15条第

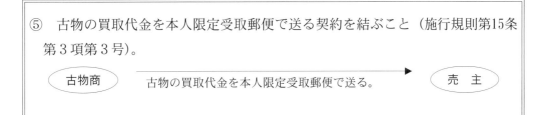

3項第4号)

・　住民票の写し等の送付を受け、住民票の写し等に記載された住所に配達記録郵便を転送不要で送り、その到達を確かめること。

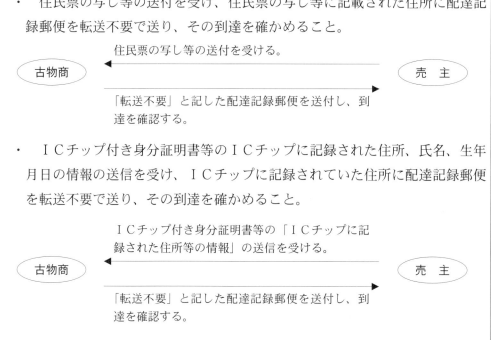

・　ICチップ付き身分証明書等のICチップに記録された住所、氏名、生年月日の情報の送信を受け、ICチップに記録されていた住所に配達記録郵便を転送不要で送り、その到達を確かめること。

　この措置においては、住民票の写し等の送付と配達記録郵便物等の送付等については、どちらを先に行っても構いません。また、併せて相手方からその住所等の申出を受けなければなりません。

⑦　【複数の身分証明書のコピー等と転送不要の配達記録郵便の到達確認】(施行規則第15条第3項第5号)

・　2種類の身分証明書等のコピー(身分証明書等のコピーと住民票の写し等の計2種類でも可)の送付を受け、身分証明書等に記載された住所に配達記録郵便を転送不要で送り、その到達を確かめること(送付を受けた身分証明書等のコピーは帳簿とともに保存する。)。

・　1種類の身分証明書等のコピー(住民票の写し等でも可)及び6か月以内に発行された補完書類(公共料金の領収書等)の送付を受け、身分証明書等

に記載された住所に配達記録郵便を転送不要で送り、その到達を確かめること（送付を受けた身分証明書等のコピーと補完書類は帳簿とともに保存する。）。

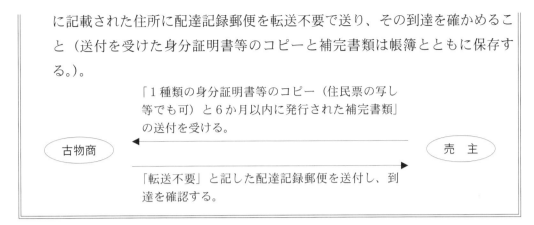

「1種類の身分証明書等のコピー（住民票の写し等でも可）と6か月以内に発行された補完書類」の送付を受ける。

古物商　◀　売　主

「転送不要」と記した配達記録郵便を送付し、到達を確認する。

　この措置は、非対面の取引において、相手方から複数の書類を受け取ることによって相手方の確認を行うものです。身分証明書等のコピーは、原本に比べて特段の技術を要せずに、巧妙に偽造することができるのが実態です。このため、送られてきたコピーを含め複数の書類を組み合わせることによってその真正性を担保しつつ、古物商の負担も軽減し、非対面取引の活性化につなげようとするものです。

　「写しの送付」については、コピーの郵送を受けることはもちろん、ＦＡＸによる送信で受けたり、当該写しに係る画像ファイルをインターネット、電子メール経由で受けたりしても構いません。ただし、相手方が変造を行った場合にその痕跡が判別困難にならないようにするため、「明瞭に表示されたもの」であることが必要です。

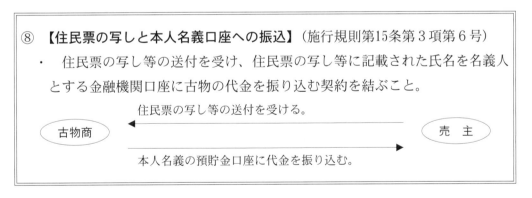

⑧　【住民票の写しと本人名義口座への振込】（施行規則第15条第3項第6号）
　・　住民票の写し等の送付を受け、住民票の写し等に記載された氏名を名義人とする金融機関口座に古物の代金を振り込む契約を結ぶこと。

住民票の写し等の送付を受ける。

古物商　◀　売　主

本人名義の預貯金口座に代金を振り込む。

　この措置では、相手方からその住所等の申出を受けなければなりません。

⑨　【身分証明書等のコピー、転送不要の配達記録郵便の到達確認と本人名義口座への振込】（施行規則第15条第3項第7号）
　・　身分証明書等のコピーの送付を受け、身分証明書等に記載された住所に配達記録郵便を転送不要で送り、その到達を確かめ（送付を受けた身分証明書

等のコピーは帳簿とともに保存する。）、身分証明書等に記載された氏名を名義人とする金融機関口座に古物の代金を振り込む契約を結ぶこと。

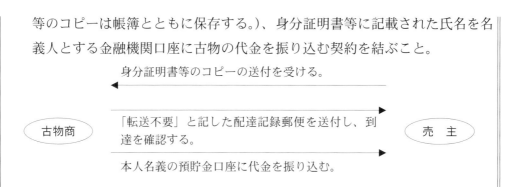

身分証明書等のコピーが、その原本や住民票の写し等と比較して偽造されやすいことから、相手方の住所と氏名について、それぞれ転送不要の配達記録郵便物の到達確認と本人名義口座への振込によって検証するものです。

なお、身分証明書等のコピー送付と配達記録郵便物の送付等については、どちらを先に行っても構いません。また、併せて相手方からその住所等の申出を受けなければなりません。

「写しの送付」については、24ページ⑦の説明を参考にしてください。

送付を受けた身分証明書等の写しは、帳簿等又は電磁的方法による記録とともに保存することとされています。これは、警察職員が立入検査を実施した際に当該写しを点検することにより、その偽造を看破できるようにするためです。保存方法については、帳簿に貼付する等の必要はありませんが、その写しに取引状況や整理番号を添付、付記して帳簿等又は電磁的方法による記録と一体的に保存するなどして、その写しがどの取引において送付を受けたものであるかが分かるようにしておかなければなりません。保存期間については、送付を受けた取引に係る帳簿等又は電磁的方法による記録と同期間保存する必要がありますが、この期間が満了すれば廃棄して差し支えありません。

なお、この措置においては、身元を確かめるに足りる資料の送付と配達記録郵便物の送付等については、どちらを先に行っても構いません。また、併せて相手方からその住所等の申出を受けなければなりません。

⑩　【独自ソフトウェアで券面画像を受信し、転送不要の配達記録郵便の到達を確認】（施行規則第15条第3項第4号）
・　独自ソフトウェアで身分証明書等の券面及び厚み等の特徴を撮影した画像を当該ソフトウェアで送信させ、券面に記載された住所に配達記録郵便を転送不要で送り、その到達を確かめること（送信を受けた画像は、帳簿等とと

もに保存する。）。

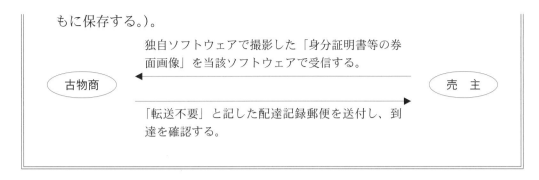

　この措置は、画像を加工・変造できないような古物商独自のソフトウェアを相手方に提供し、それを通じて相手方の身分証明書等を撮影し、かつ、送信させることと転送不要の配達記録郵便の到達確認を組み合わせるものです。留意点は、⑪の措置とほぼ同様ですので、そちらを参照してください。

---

⑪　**【独自ソフトウェアで顔画像と券面画像を受信】**
　【独自ソフトウェアで顔画像とＩＣチップデータを受信】（施行規則第15条第3項第8号及び第9号）
・　独自ソフトウェアで相手方の容貌を撮影した画像及び写真付き身分証明書等の券面、厚み等の特徴を撮影した画像を当該ソフトウェアで送信させること（送信を受けた画像（相手方の容貌を除く。）は、帳簿等とともに保存する。）。

古物商　◀────────────　売　主
　独自ソフトウェアで撮影した「容貌画像」と「写真付き身分証明書等の券面画像」を当該ソフトウェアで受信する。

・　独自ソフトウェアで相手方の容貌を撮影した画像及び写真とＩＣチップ付き身分証明書等のＩＣチップに記録された住所、氏名、生年月日の情報を当該ソフトウェアで送信させること。

古物商　◀────────────　売　主
　独自ソフトウェアで撮影した「容貌画像」と写真・ＩＣチップ付き身分証明書等の「ＩＣチップに記録された住所等の情報」を当該ソフトウェアで受信する。

　この措置は、画像やデータを加工・変造できないような古物商独自のソフトウェアを相手方に提供し、それを通じて相手方の顔画像と身分証明書等の画像やデータを撮影等し、かつ提供を受けることにより、相手方の確認を行うものです。

　独自ソフトウェアで身分証明書等の券面画像や相手方の容貌画像を受信する場合には、それらが事前に撮影した写真を撮影させたものではないことを確認する措置が必要となります。例えば、確認時にランダムな数字等を相手方に示し、一定時間内に相手方に当該数字等を記した紙とともに容貌や身分証明書等を撮影させ直ちに送信させることなどが想定されます。

　また、送信を受けた身分証明書等の券面画像については、帳簿等又は電磁的方法による記録とともに保存することとされています。これは、警察職員が立入検査を実施した際に当該画像情報を点検することにより、その偽造を看破できるようにするためです。保存方法については、帳簿に貼付する等の必要はありませんが、その画像情報に取引状況や整理番号を添付、付記して帳簿等又は電磁的方法による記録と一体的に保存するなどして、その画像情報がどの取引において送付を受けたものであるかが分かるようにしておかなければなりません。保存期間については、送付を受けた取引に係る帳簿等又は電磁的方法による記録と同期間保存する必要がありますが、この期間が満了すれば廃棄して差し支えありません。

　身分証明書等の券面画像は、記載された住所、氏名、年齢又は生年月日、身分証明書等の外形、構造、機能等の特徴からその真正性の確認を行うことを目的としているため、厚みなどの特徴が確認できるよう、例えば、身分証明書等を斜めに傾けて撮影した画像を送信したものが想定されます。

　「画像」には、動画も含まれ、例えば、リアルタイムビデオ通話により相手方の身分証明書等を確認することもできます。

　「古物商が提供するソフトウェア」とは、古物商が相手方に提供するソフトウェアのことを指します。このソフトウェア以外を使用して撮影された画像は「古物商が提供するソフトウェアを使用して」に当てはまりません。ソフトウェアは、古物商自らが開発することを要件としていないため、古物商が委託して開発、第三者が開発したソフトウェアも該当します。ただし、画像加工機能が付いていないものに限定されます。

---

⑫　面前でタッチペンで署名（施行規則第15条第3項第10号）
　・　古物商等の面前でタッチペン等を使ってタブレット等に署名させること。

　本件措置は、22ページ②の措置に準じたものであり、相手方から住所等の申出を受けるとともに、古物商等の面前において、電子タブレット等に相手方の氏名を筆記させる方法です。したがって、本件措置をとるに当たって留意しなければならない点は、22ページ②の措置と基本的に同じです。一方、署名をさせるべきものが文書ではないことから、次の2点にも留意が必要です。

　1点目は、「器具を使用して」筆記させることが必要ですので、例えば、指でタブレットの画面をなぞる方法は認められず、「スタイラスペン」や「タッチペン」と呼ばれる器具を使用します。

　2点目は、「筆記をさせること」が必要ですので、例えば、マウスを操作してその軌跡を相手方の氏名として表示させる方法、キーボードや音声認識ソフトを使用して氏名を入力させる方法など、「筆記」に当たらない行為は認められません。

---

⑬　一度本人確認を行った相手方との間でＩＤ及びパスワードを設定し、その送信を受けること（施行規則第15条第3項第13号）。

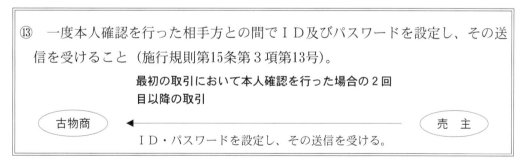

　本件措置は、一旦その真偽を確認するための措置をとった相手方にＩＤ・パスワードを付与し、その送信を受ける方法等により、そのこと（一旦真偽を確認するための措置をとった相手方であること。）を確かめることができた場合には、改めて同様の措置をとる必要はないこととするものです。例えば、ホームページを通じて古物の買取りを行う古物商が、特定の顧客との間で、最初に買取りに行った際に、そ

の真偽を確認するための措置をとった上でＩＤ・パスワードを付与し、２回目以降の取引の際には、当該ＩＤ・パスワードを入力させる措置が挙げられます。

　なお、パスワードについては、ＩＤやその他の情報からは容易に想像できないようなものにすることが望ましいと考えられます。

＊＊　実務ガイダンス　＊＊

♠　確認義務の例外

　次の場合については、確認等の義務が免除されています。

　　ア　対価の総額が一定金額未満の取引をする場合（ただし、一定の古物を取引する場合を除く。）

　　イ　自己が売却した物品を当該売却の相手方から買い受ける場合

　アについて若干説明を加えますと、これは窃盗等の犯罪の被害状況や盗品等の古物商への流入実態等を勘案して、特に盗品等の流入を防止すべき必要性のある一定の物品を除き、身分確認義務を免除することとされたものです。その金額及び身分確認義務が免除されない古物については、国家公安委員会規則で定められています。

施行規則第16条

　　法第15条第２項第１号の国家公安委員会規則で定める金額は、１万円とする。

　2　法第15条第２項第１号の国家公安委員会規則で定める古物は、次の各号に該当する古物とする。

　　⑴　自動二輪車及び原動機付自転車（これらの部分品（ねじ、ボルト、ナット、コードその他の汎用性の部分品を除く。）を含む。）

　　⑵　専ら家庭用コンピュータゲームに用いられるプログラムを記録した物

　　⑶　光学的方法により音又は影像を記録した物

　　⑷　書籍

注）　第２号の「専ら家庭用コンピュータゲームに用いられるプログラムを記録した物」とは、テレビゲーム、パソコンゲーム等のゲームソフトのことで、カートリッジ、ＣＤ、ＤＶＤ等形式を問いません。また、第３号の「光学的方法により音又は影像を記録した物」とは、音楽や映画、テレビ番組等が記録されたＣＤ、ＬＤ、ＤＶＤ、ブルーレイディスク等です。

④　申　　告

　古物商は、その取り扱う古物が不正品である疑いがあると認めたときは、直ちに警察官にその旨を申告しなければなりません（法第15条第3項）。

　古物商が古物営業を営むに当たり、盗品等を取り扱うことがないよう常に注意することが求められています。その中で「あれ？これは盗品かな？」と思うような物を持ち込まれることもあるかと思います。そのときには、直ちに警察官に「今お客さんが持ち込んだ商品が、盗品である可能性があります」と連絡し、そういったものを取り扱うことがないようにしなければなりません。

　不正品である疑いを認めるための着眼点は、取り扱う古物によって様々ですが、相手方の職業や年齢からすれば不相応なもの、量が多いこと、接客時の態様（落ち着きがないなど）など、古物営業に従事することで得られる知識、技術又は経験を生かして、積極的に申告するようにしましょう。

　なお、自動車、自動二輪車又は原動機付自転車を取り扱う場合において、管理者に対して得させるよう努めなければならない不正品であるかどうかを見抜くための知識、技術又は経験が定められています（19ページ参照）。

⑤　取引の記録義務

　法第16条には、古物商が古物の取引を行う場合における帳簿等への記載又は電磁的方法による記録の義務（以下「記録義務」といいます。）について定められています。

法第16条

　古物商は、売買若しくは交換のため、又は売買若しくは交換の委託により、古物を受け取り、又は引き渡したときは、その都度、次に掲げる事項を、帳簿若しくは国家公安委員会規則で定めるこれに準ずる書類（以下「帳簿等」という。）に記載をし、又は電磁的方法により記録をしておかなければならない。ただし、前条第2項各号に掲げる場合及び当該記載又は記録の必要のないものとして国家公安委員会規則で定める古物を引き渡した場合は、この限りでない。

　(1)　取引の年月日

　(2)　古物の品目及び数量

　(3)　古物の特徴

　(4)　相手方（国家公安委員会規則で定める古物を引き渡した相手方を除く。）の住所、氏名、職業及び年齢

　(5)　前条第1項の規定によりとつた措置の区分（同項第1号及び第4号に掲げる措置にあつては、その区分及び方法）

　古物商は、

①　古物の売買

②　古物の交換

③　古物の売買又は交換の委託

により、古物を受け取り、又は引き渡したときは、その都度、次のいずれかの方法で記録しておかなければなりません。

　ア　帳簿への記載

　イ　国家公安委員会規則で定める帳簿に準ずる書類への記載

　ウ　電磁的方法による記録

　記録事項については、次のとおりです。

①　取引の年月日

②　古物の品目及び数量

③　古物の特徴

④　古物を受け取り、又は引き渡した相手方の住所、氏名、職業及び年齢

⑤　法第15条第1項の規定により相手方の確認のためにとった措置の区分（同項第
　1号及び第4号に掲げる措置にあっては、その区分及び方法）

　特に、非対面取引で相手方の確認をした場合には、身分証明書等のコピーや画像
も一緒に記録・保存しなければなりません。

　また、法第17条には、古物市場主の取引の記録義務について定められています。

法第17条

　古物市場主は、その古物市場において売買され、又は交換される古物につき、
取引の都度、前条第1号から第3号までに規定する事項並びに取引の当事者の住
所及び氏名を帳簿等に記載をし、又は電磁的方法により記録をしておかなければ
ならない。

　記録の方法は古物商と同じで、記録事項は次のとおりです。

①　取引の年月日

②　古物の品目及び数量

③　古物の特徴

④　取引の当事者の住所及び氏名

　取引の記録義務は、古物の取引に係る事項をその都度帳簿又は帳簿に準ずる書類
（以下「帳簿等」といいます。）に記載し、又は電磁的方法により記録することによ
り、古物の購入元や移転先等を明らかにし、もって盗品等の混入の防止及び窃盗等
の犯罪の被害の速やかな回復を図るために設けられている古物営業法上の重要な義
務です。

　帳簿等の様式については、次のとおりとされています（施行規則第17条）。

①　施行規則別記様式第15号（230ページ）及び第16号（231ページ）の様式

②　法第16条又は法第17条の規定により記載すべき事項を当該営業所又は古物市場
　における取引の順に記載することができる様式の書類

③　取引伝票その他これに類する書類であって、法第16条又は法第17条の規定によ
　り記載すべき事項を取引ごとに記載することができる様式のもの

　なお、③の書類を帳簿等として保存する場合は、<u>取引の順にとじ合わせておか
なければなりません</u>（162ページも参照してください。）。

───── ＊＊　実務ガイダンス　＊＊ ─────

♠　記録義務の例外

次の場合には記録義務の全部又は一部が免除されています。

① 記録義務の全部が免除される場合
- 　法第15条第2項第1号の少額取引をするとき

　　買受け又は売却の対価の総額が1万円未満の取引(少額取引)の場合は、記録業務が免除されます。ただし、窃盗等の犯罪の被害状況や盗品等の古物商への流入の実態を勘案して、少額取引であっても特に盗品等の混入を防止すべき必要性のある一定の物品の取引については、記録義務が課されます。すなわち、自動二輪車及び原動機付自転車(これらの部分品(ねじ、ボルト、ナット、コードその他の汎用性の部分品を除きます。)を含みます。)、専ら家庭用コンピュータゲームに用いられるプログラムを記録した物、光学的方法により音又は影像を記録した物、書籍については、対価の総額が1万円未満であっても記録義務は免除されません。

- 　自己が売却した物品を当該売却の相手方から買い受けるとき

② 売却の場合のみ記録義務が免除される場合
- 　国家公安委員会規則で定める古物を引き渡すとき

　　これは、被害品の移転先等を明確にし、被害者による被害品の回復を容易にする必要性が特に認められる物を除き、売却の際の記録義務を免除したものです。具体的には、美術品類、時計・宝飾品類、自動車(その部分品を含みます。)、自動二輪車及び原動機付自転車(これらの部分品(対価の総額が1万円未満で取引されるものを除きます。)を含みます。)については記録義務が課せられ、それ以外の物の売却については、記録義務が免除されます(施行規則第18条参照)。

┌─ 施行規則第18条第1項 ─────────────────

　法第16条ただし書の国家公安委員会規則で定める古物は、次の各号に該当する古物以外の古物とする。
- ⑴　美術品類
- ⑵　時計・宝飾品類
- ⑶　自動車(その部分品を含む。)
- ⑷　自動二輪車及び原動機付自転車(これらの部分品(対価の総額が第16条第1項で定める金額未満で取引されるものを除く。)を含む。)

（注）　自動二輪車及び原動機付自転車の部分品（汎用性の部分品を除きます。）を１万円未満の対価で取引する場合については、上記のように施行規則第18条第１項第４号においてかっこ書きで除外されていることから、売却の際の記録義務が免除されます（買取りの際の義務はかかります。）。

③　一部の記録事項について記録義務が免除される場合

○　国家公安委員会規則で定める古物を引き渡したとき

　　国家公安委員会規則で定める古物とは、全国的に統一された法律上の登録制度が存在するため、引渡しの相手方の記録義務を課さなくてもその相手方を特定することが可能なもので、具体的には自動車が定められています。これについては、相手方の住所、氏名等の記録義務が免除されます。

───施行規則第18条第２項───
　法第16条第４号の国家公安委員会で定める古物は、自動車である古物とする。

6 帳簿等の備付け義務等

　法第18条には、古物商及び古物市場主の帳簿等の備付義務等について次のように定められています。

① 帳簿等の備付け又は電磁的方法による記録の保存義務（記録した日から３年間）

法第18条第１項

　古物商又は古物市場主は、前２条の帳簿等を最終の記載をした日から３年間営業所若しくは古物市場に備え付け、又は前２条の電磁的方法による記録を当該記録をした日から３年間営業所若しくは古物市場において直ちに書面に表示することができるようにして保存しておかなければならない。

　電磁的方法による記録を保存する場合の「直ちに書面に表示できるようにして」とは、必要な場合に、直ちに書面に表示できるような状態で当該記録を保存しておかなければならないという意味であり、例えば古物の取引を記録した記録媒体を、要求された際に直ちに記録を印刷できるようにして保存しておけば、保存義務を履行していることとなります。

② 記録をき損等した場合の届出義務

法第18条第２項

　古物商又は古物市場主は、前２条の帳簿等又は電磁的方法による記録をき損し、若しくは亡失し、又はこれらが滅失したときは、直ちに営業所又は古物市場の所在地の所轄警察署長に届け出なければならない。

　電磁的方法による記録が「き損又は滅失」した場合としては、例えば、記録媒体に記録したデータが、強力な磁気等を受けて消滅した場合等が考えられます。

⑦ 品 触 れ

法第19条には、盗品等の品触れについて定められています。

法第19条

　警視総監若しくは道府県警察本部長又は警察署長（以下「警察本部長等」という。）は、必要があると認めるときは、古物商又は古物市場主に対して、盗品その他財産に対する罪に当たる行為によつて領得された物（以下「盗品等」という。）の品触れを書面により発することができる。

2　古物商又は古物市場主は、前項の規定により発せられた品触れを受けたときは、当該品触れに係る書面に到達の日付を記載し、その日から6月間これを保存しなければならない。ただし、情報通信技術を活用した行政の推進等に関する法律（平成14年法律第151号）第7条第1項の規定により同法第6条第1項に規定する電子情報処理組織を使用して行われた品触れについては、到達の日付を記載することを要しない。

3　古物商は、品触れを受けた日にその古物を所持していたとき、又は前項の期間内に品触れに相当する古物を受け取つたときは、その旨を直ちに警察官に届け出なければならない。

4・5　（略）

　「品触れ」とは、警察本部長等が、盗品等の発見のために必要があると認めたときに、古物商又は古物市場主に対して被害品を通知し、その有無の確認及び届出を求めるもので、被害品の迅速な発見を図ることを目的とするものです。

　品触れに記載されている物を所持していたり、持ち込まれたりした場合には、その旨を直ちに警察官に届け出なければなりませんので、記載されている物の特徴を十分に理解しておく必要があります。

　また、品触れの有効期限は受け取った日から6か月です。受け取った日を明らかにするために、受け取ったときに受領日を記載してください。

　そして、品触れに記載された古物を持っていたり、受け取ったりしたときは、直ちに警察官に届け出なければなりません。

8　差　止　め

　法第21条には、盗品等の疑いのある古物について、警察本部長等が古物商に対し、一定期間差止め（保管命令）を行うことができる旨を定められています。

　差止めを受けた古物商は、定められた期間、適正にその古物を保管しなければなりません。

法第21条

　古物商が買い受け、若しくは交換し、又は売却若しくは交換の委託を受けた古物について、盗品等であると疑うに足りる相当な理由がある場合においては、警察本部長等は、当該古物商に対し30日以内の期間を定めて、その古物の保管を命ずることができる。

　差し止められた古物は、売却することはもちろんできませんし、交換の委託を受けた古物であった場合は、委託者に返すこともできませんので注意してください。

⑨ 行商、競り売りの際の許可証等の携帯等

法第11条には、古物商及びその代理人等の許可証又は行商従業者証の携帯義務等について定められています。

法第11条

　古物商は、行商をし、又は競り売りをするときは、許可証を携帯していなければならない。

2　古物商は、その代理人、使用人その他の従業者（以下「代理人等」という。）に行商をさせるときは、当該代理人等に、国家公安委員会規則で定める様式の行商従業者証を携帯させなければならない。

3　古物商又はその代理人等は、行商をする場合において、取引の相手方から許可証又は前項の行商従業者証の提示を求められたときは、これを提示しなければならない。

行商とは、営業所を離れて取引を行う営業形態をいいます。また、一般公衆が往来する場所等に設けられた仮設の店舗を「仮設店舗」といい、仮設店舗を出すことも行商に含まれます。古物市場での売買や自動車等の訪問セールスは、いずれも行商に当たります。

この規定は、古物商が特殊な営業形態である行商を行う場合は、固定した営業所における古物営業に比して、帳簿記載や確認等の義務も懈怠されがちであるため、適正な古物営業の実施を確保する観点から設けられたものです。

行商従業者証の様式については、施行規則別記様式第12号（228ページ）に定められています。

なお、この様式のほか、古物商によって組織された団体で一定の要件を満たすものがその構成員に共通して利用させるものとして定めた様式で国家公安委員会又は公安委員会の承認を受けたものも用いることができます（施行規則第12条、行商従業者証等の様式の承認に関する規程）。

具体的な行商従業者証の様式は、大別すると次の2通りがあります。

① 施行規則別記様式第12号に定めるもの

② 古物商によって組織された団体で一定の要件を満たすものがその構成員に共通して利用させるものとして定めた様式で国家公安委員会又は公安委員会の承認を受けたもの（施行規則第12条、行商従業者証等の様式の承認に関する規程）

　一般社団法人日本中古自動車販売協会連合会及び全国刀剣商業協同組合がこの承認を受けています。

10　営業の制限

　法第14条には、古物商の営業の制限及び古物市場における営業の制限について定められています。

(1)　古物商の営業の制限

┌─**法第14条第1項**─────────────────────────
　古物商は、その営業所又は取引の相手方の住所若しくは居所以外の場所において、買い受け、若しくは交換するため、又は売却若しくは交換の委託を受けるため、古物商以外の者から古物を受け取つてはならない。ただし、仮設店舗において古物営業を営む場合において、あらかじめ、その日時及び場所を、その場所を管轄する公安委員会に届け出たときは、この限りでない。
└──────────────────────────────────

┌─**法第14条第2項**─────────────────────────
　前項ただし書に規定する公安委員会の管轄区域内に営業所を有しない古物商は、同項ただし書の規定による届出を、その営業所の所在地を管轄する公安委員会を経由して行うことができる。
└──────────────────────────────────

┌─**施行規則第14条の2**───────────────────────
　法第14条第1項ただし書の規定により公安委員会に届出をする場合においては、その場所(同条第2項の規定により当該届出を経由して行う場合にあっては、その経由する公安委員会の管轄区域内の営業所の所在地（二以上の営業所を有する古物商にあっては、そのいずれか一の営業所の所在地)) の所轄警察署長を経由して、仮設店舗において古物営業を営む日から3日前までに、別記様式第14号の2の仮設店舗営業届出書を提出しなければならない。
└──────────────────────────────────

　古物商が営業ができる場所としては、営業所、相手方の住所若しくは居所、行商を行う場合にはこの他に仮設店舗となります。営業所、相手方の住所若しくは居所で行う場合、手続などは不要ですが、仮設店舗については事前に仮設店舗を設けようとする場所を所轄する警察署長を経由して届出書を提出する手続が必要となります（法第14条第1項ただし書、施行規則第14条の2）。

　ただし、仮設店舗の場所を管轄する公安委員会の区域内に営業所を有しない場

合は、既存の営業所（複数の営業所がある場合はいずれか一つ）を所轄する警察署長を経由して届出書を提出することができます（法第14条第2項、施行規則第14条の2）。

　この届出書の具体的な様式については、第4章施行規則別記様式第14号の2（230ページ）を御覧ください。

　なお、本書の読者の方は、東京法令出版のウェブサイト（https://www.tokyo-horei.co.jp/policeman/kobutsueigyo-yoshiki/）からもダウンロードできます。

　また、この届出書は、仮設店舗で営業を営む日の3日前までに提出する必要があります。この届出を怠り、仮設店舗で古物の受取りを行うと罰則（法第32条）の対象となりますので注意してください。

　この3日前とは、競り売り届出と同様に中3日を設けるという趣旨です。

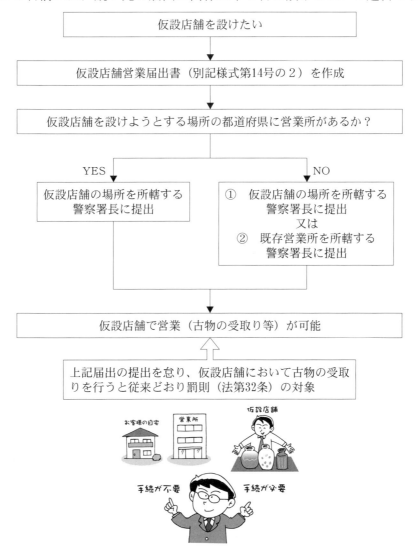

⑵　古物市場における取引の制限

> **法第14条第 3 項**
>
> 　古物市場においては、古物商間でなければ古物を売買し、交換し、又は売却若しくは交換の委託を受けてはならない。

　これは、古物市場では一度に大量の物品が取引されることから、古物商以外の者により盗品等の処分の場として利用されるおそれがあるため、古物市場においては、古物商同士の取引以外の古物の取引を禁止するものです。

11　その他のルール

(1)　名義貸しの禁止

┌─ 法第9条 ─────────────────────────────
古物商又は古物市場主は、自己の名義をもつて、他人にその古物営業を営ませてはならない。
└──────────────────────────────────────

これは、法第4条の欠格事由に該当するため自分では古物営業の許可を受けられない者が他人に許可を取得させて、その他人の名義で古物営業を営むことを防止するためです。

名義貸しは、古物営業を許可制として不適格者を排除しようとする法目的を著しくき損することから、無許可営業と同等の罰則が定められています。

(2)　競り売りの届出

競り売りとは、古物商が複数の買手に価格の競争をさせて取引を行う営業形態をいいます。

┌─ 法第10条第1項 ──────────────────────
古物商は、古物市場主の経営する古物市場以外において競り売りをしようとするときは、あらかじめ、その日時及び場所を、その場所を管轄する公安委員会に届け出なければならない。
└──────────────────────────────────────

┌─ 法第10条第2項 ──────────────────────
前項に規定する公安委員会の管轄区域内に営業所を有しない古物商は、同項の規定による届出を、その営業所の所在地を管轄する公安委員会を経由して行うことができる。
└──────────────────────────────────────

これは、競り売りが、短時間に大量の古物が取引されること等特殊な取引形態であることから、営業所における取引の場合に比べ、盗品等の処分の場として利用される可能性が高いと考えられるため、公安委員会による実効的な指導監督を確保するためのものです。

届出をする場合には、競り売りの日の3日前までに、競り売りの場所を管轄する

警察署長を経由して、届出書を提出しなければなりません（法第10条第1項、施行規則第8条第1項）。ただし、競り売りの場所を管轄する公安委員会の区域内に営業所を有しない場合は、既存の営業所を所轄する警察署長を経由して届出書を提出することができます（法第10条第2項、施行規則第8条第1項）。競り売り届出書の具体的な様式については、第4章施行規則別記様式第10号（224ページ）を御覧ください。

　なお、本書の読者の方は、<u>東京法令出版のウェブサイト</u>（https://www.tokyo-horei.co.jp/policeman/kobutsueigyo-yoshiki/）<u>からもダウンロードできます。</u>

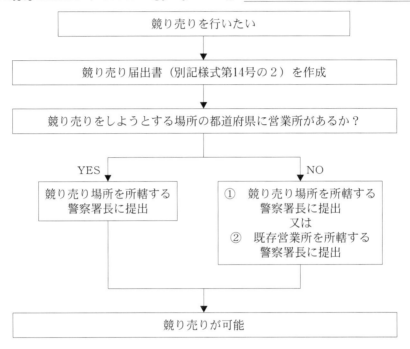

法第10条第3項

　古物商は、売却する古物に関する事項を電気通信回線に接続して行う自動公衆送信により公衆の閲覧に供し、その買受けの申込みを国家公安委員会規則で定める通信手段により受ける方法を用いて第1項の競り売りをしようとする場合には、同項の規定にかかわらず、あらかじめ、当該古物に関する事項に係る自動公衆送信の送信元を識別するための文字、番号、記号その他の符号、競り売りをしようとする期間その他国家公安委員会規則で定める事項を当該古物を取り扱う営業所の所在地を管轄する公安委員会に届け出なければならない。

　古物商は、ホームページを利用して古物の競り売りをしようとする場合には、あらかじめ、そのホームページのＵＲＬ、競り売りをしようとする期間及び通信手段

の種類を競り売りの日から3日前までに売却する古物を取り扱う営業所を所轄する警察署長を経由して届出書を提出しなければなりません（施行規則第8条第3項）。

　具体的な届出書の様式は別記様式第10号の2（224ページ）を御覧ください。

　「競り売りをしようとする期間」については、6か月を最長として届け出ることができます。届出期間を経過した後も、継続してホームページを利用して競り売りを行う場合は、再度、届出書を提出することが必要となります。

法第10条第4項

　前3項の規定は、古物競りあつせん業者が行うあつせんを受けて取引をしようとする場合には、適用しない。

　届出義務の例外として、古物商がインターネット・オークションに出品して競り売りを行う場合には、競り売りの届出は必要ないこととされました。これは、古物競りあっせん業者からは、別途そのURL等の届出を受けることとされているので、古物商から重ねてURL等の届出を受けなくとも、インターネット・オークションに出品されている古物を把握し、盗品等に相当するものがあるかどうかを確認することが可能であるからです。

《古物競りあっせん業者の遵守事項等》

1　相手方の確認

法第21条の2

　古物競りあつせん業者は、古物の売却をしようとする者からのあつせんの申込みを受けようとするときは、その相手方の真偽を確認するための措置をとるよう努めなければならない。

　古物競りあっせん業者は、古物の売却をしようとする者から出品を受け付けようとするときは、その者の真偽を確認するための措置をとるよう努めなければならないこととされました。これは、インターネット上の取引の匿名性を低減させて犯人による処分を困難にし、もって盗品等の売買の防止を図るためです。

　出品者の確認は、出品を受け付ける前に実施しなければなりませんので、古物競りあっせん業者が申込みを受けた後直ちに出品を認めようとする場合には、その者の真偽を確認するための措置を即時に行う必要があります。

　古物競りあっせん業者が、出品者からその人定事項（通常、住所、氏名及び年齢があれば十分ですが、これらと同程度の特定ができるものであれば、他の事項でも構いません。）の申出を受けるとともに、以下の措置をとっていれば、本件努力義務を満たしていると認めることができます。

① 　口座振替による認証

② 　通常のクレジットカード認証（入力されたカード番号と有効期限が正しいことを確認することです。）

③ 　①又は②の措置と同等以上の効果を有するその他の措置（古物競りあっせん業者が落札者から代金を預かり、出品者の本人名義の預貯金口座に振り込むことを約すること等）

　以上の措置をとった者に対して発行したＩＤ・パスワードを入力させる措置をとっている場合も、本件努力義務を満たしていると認めることができます。

《参考》
　口座振替による認証や通常のクレジットカード認証を即時に行うための費用負担が経営的に困難と認められるような中小事業者については、これらの認証を即時には行わないが、出品の受付後速やかに行う場合でも、個別具体の事情に応じ、本件努力義務を満たしていると認めることができる場合があります。また、そのような場合としては、出品者が入力したメールアドレス（フリーメールを提供しているドメインと同じドメインのメールアドレスを除きます。）宛てに電子メールを送信し、その到達を確かめることも、個別具体の事情に応じ、想定することができます。

2　申　　告

> **法第21条の3**
>
> 　古物競りあつせん業者は、あつせんの相手方が売却しようとする古物について、盗品等の疑いがあると認めるときは、直ちに、警察官にその旨を申告しなければならない。

　古物競りあっせん業者は、出品された古物について、盗品等の疑いがあると認めるときは、直ちに、警察官にその旨を申告しなければならないこととされました。これは、インターネット・オークションにおいては、現に盗品等処分事例が多発していますが、古物競りあっせん業者は、業としてその場を運営しており、利用者からの情報、苦情等も受けているので、盗品等の速やかな発見を図るため、一定の範囲での申告を義務付けることとしたものです。

　「疑いがあると認めるとき」とは、古物競りあっせん業者が疑いを主観的に抱く場合をいいます。50ページの「「盗品等の疑いを認めるとき」の参考事例」を参考に、積極的な申告をするようにしてください。

　申告先の「警察官」は、特に限定されていません。しかしながら、申告に関する業務を円滑に遂行できるよう、次に掲げる部署に対して申告することが望まれます。

① 　申告の対象である古物について、既に被害届が提出されている場合は、当該被害届を受理した警察署

② 　申告の端緒となった通報を古物競りあっせん業者に行った者があり、かつ、当該通報を行った者の住所等が判明している場合は、その住所等を管轄する警察本部のサイバー犯罪担当部署又は古物営業担当部署

③ 　①又は②以外の場合は、古物競りあっせん業者の営業の本拠となる事務所の所在地を管轄する警察本部のサイバー犯罪担当部署又は古物営業担当部署

　申告の内容である「その旨」とは、出品された特定の古物について盗品等の疑いがあると認める旨をいいます。したがって、申告に当たっては、対象となる古物を出品されているページのURL等により特定しなければなりません。

　申告の方法は、特に限定されていません。具体的な方法としては、①対象となる古物の出品画面のファイルを電子メールにより送信する方法、②当該出品画面を印刷してファクシミリにより送信する方法、③電話により通報する方法等が考えられます。

③ 記　　　録

┌─**法第21条の４**─────────────────────────────
│　古物競りあつせん業者は、古物の売買をしようとする者のあつせんを行つたと
│きは、国家公安委員会規則で定めるところにより、書面又は電磁的方法による記
│録の作成及び保存に努めなければならない。
└──────────────────────────────────────

┌─**施行規則第19条の３**───────────────────────────
│　　古物競りあっせん業者は、古物の売買をしようとする者のあっせんを行った
│　ときは、次に掲げる事項について、書面又は電磁的方法による記録を作成する
│　よう努めなければならない。
│　⑴　あっせんに係る古物に関する事項を電気通信回線に接続して行う自動公衆
│　　　送信により公衆の閲覧に供した年月日
│　⑵　あっせんに係る古物に関する事項及びあっせんの相手方を識別するための
│　　　文字、番号、記号その他の符号であって、電気通信回線に接続して行う自動
│　　　公衆送信により公衆の閲覧に供したもの
│　⑶　あっせんの相手方が当該古物競りあっせん業者によるあっせんのため当該
│　　　古物競りあっせん業者が記録することに同意した上であらかじめ申し出た事
│　　　項であって、当該相手方の真偽の確認に資するもの
│　２　古物競りあっせん業者は、前項の記録を作成の日から１年間保存するよう努
│　　めなければならない。
└──────────────────────────────────────

　古物競りあっせん業者は、古物の売買をしようとする者のあっせんを行ったとき
は、書面又は電磁的方法による記録の作成及び保存に努めなければならないことと
されました。これは、古物の売買をしようとする者のあっせんをしたときの記録を
作成し、一定期間保存することで、盗品等の処分状況を明らかにして、盗品等の速
やかな発見を図り、もってその被害の迅速な回復と盗品等の売買防止に資するため
です。

　記録の作成に努めるべき事項は、①古物の出品日、②古物の出品情報及び出品者・
落札者のユーザーＩＤ等でサイトに掲載されたもの、③出品者・落札者がユーザー
登録等の際に登録した人定事項であって、古物競りあっせん業者が記録することに
同意したものとされています。この人定事項としては、ユーザーＩＤ等に加えて、

通常、住所、氏名及び年齢があれば十分ですが、この３要素と同程度の特定ができるものであれば、他の事項でも構いません。また、記録の保存に努めるべき期間は、１年間とされています。

　記録の保存方法は、特に限定されていません。具体的な方法としては、

① サーバー上で公衆の閲覧に供することができる状態で保存すること
② 公衆の閲覧に供することを前提とせずにサーバー上のハードディスクで保存すること
③ 記録媒体に記録してこれを保存すること
④ 記録を用紙に印刷してその用紙を保存すること

などが考えられます。

　古物競りあっせん業者が義務付けられているのは、記録の保存に努めることです。したがって、

① 当該業者が古物の画像は１年間保存していなくても、その他の出品情報をテキストデータ等で１年間保存している場合
② 現に１年間記録を保存していなくても、１年間保存するための具体的計画（そのための手段と目標達成に至る過程が具体的に示されているものに限ります。）がある場合

などには、努力義務を満たしていると認められます。

④　競りの中止の命令

> ─法第21条の7─────────────────────────────
>
> 　古物競りあつせん業者のあつせんの相手方が売却しようとする古物について、盗品等であると疑うに足りる相当な理由がある場合においては、警察本部長等は、当該古物競りあつせん業者に対し、当該古物に係る競りを中止することを命ずることができる。

　出品された古物について、盗品等であると疑うに足りる相当な理由がある場合においては、警察本部長等は、古物競りあっせん業者に対し、当該古物に係る競りを中止する（ホームページから削除する）ことを命ずることができることとされました。これは、盗品等がインターネット・オークションに出品されて、第三者に売却されれば、財産犯の犯人がその売却代金を入手することになる上、盗品等の所在が不明になるなど被害回復に支障を来すおそれがあり、さらに、取引の安全が損なわれることにもなるからです。

　「盗品等であると疑うに足りる相当な理由がある」とは、社会通念上、盗品等であると疑う根拠が客観的に見て合理的に存在することをいいます。

　その存否は個々の事案ごとに警察本部長等において判断することとなりますが、①財産犯の被害が発生しており、②その被害品と出品物との同一性が合理的に推認される場合には、「相当な理由」があると認められるのが通常です。①については、被害届の提出の有無等により判断することとなります。②については、シリアルナンバー等の顕著な特徴の合致、官公庁の身分証明書や市販前の商品等ほとんど流通していない物が出品されており、かつ、直近に同種の物の被害届が提出されていることなどにより、判断することとなります。

──────────────── ＊＊　実務ガイダンス　＊＊ ─────────

♠　インターネット・オークション事業者が申告をすべき「盗品等の疑いを認めるとき」の参考事例

　改正古物営業法（平成15年9月1日施行）により、インターネット・オークション事業者（以下「事業者」といいます。）は、出品された古物について、盗品等の疑いがあると認めるときは、警察にその旨を申告しなければならないこととされました（47ページ。警察本部長等は、一定の場合には、事業者に対し、古物に

係る競りの中止を命ずることができます。）。

　以下の事例は、事業者がこの申告義務を履行するに当たり、「盗品等の疑い」を認める可能性のある場合として特に注意を払うべきものの類型として、警察庁が例示したものです（https://www.npa.go.jp/cyber/auction/junshu/index.html）。個別具体的な場合に盗品等の疑いを認めるか否かについては、事業者において判断するものです。

　したがって、これらの場合に形式的に合致するときに全て申告義務が生じるものではありません。一方、これらに該当しない場合であっても、事業者が盗品等の疑いがあると認めたときは、申告義務が生じることとなります。

1　出品物が被害品であると疑うべきことについて一定の理由がある場合

　（例）　通報者が氏名、連絡先、被害品であるとする出品物及び被害の状況を明示しており、かつ、以下のいずれかの事情がある場合

　①　ホームページに掲載されている出品物の製造番号等と通報者から送付された保証書等の写しに記載されている製造番号等が合致する場合

　②　財産犯に係る報道等において被害品の特徴が公開されており、それらの情報とホームページに掲載されている出品物の特徴が合致する場合

　③　ホームページに掲載されている出品物の特徴と通報者から送信された画像中の古物の特徴が合致する場合

〈１①の場合は………〉

〈1②の場合は………〉

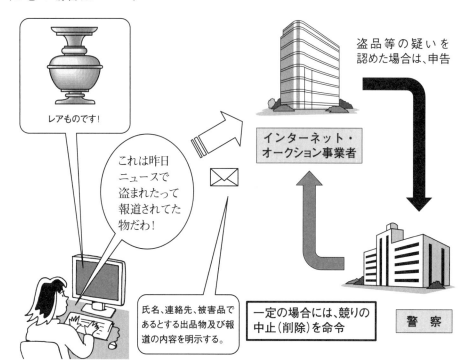

〈1③の場合は………〉

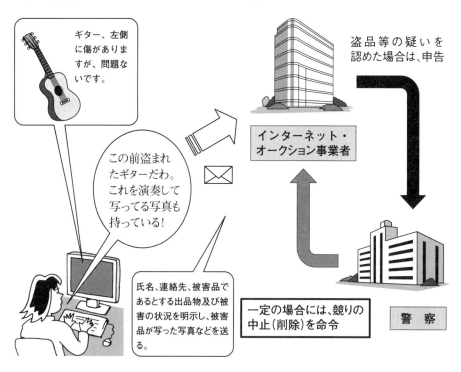

2　出品物が、被害に遭わなければ出品されることは通常考えにくいものである場合

（例1）　官公庁職員の身分証明書等が出品されている場合

　　～職員証、通行証等が該当する。

（例2）　市販されていないものが出品されている場合

　　～発売前の試作品、法令によって定められた制服等が該当する。

　　　　　販売促進等のために用いられるものであって、市販されていないが一般に広く頒布され又は入手できるものは該当しない。

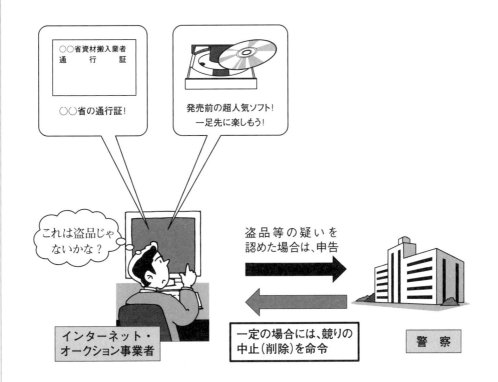

3　出品物を特定するためのものが削除されている場合

（例）　車台番号のない自動車、製造番号が判別できないようなパソコン等が出品されている場合

　　～出品者の説明欄に車台番号等がない旨が明記されていなくても、そのような状況の画像が掲載されているときは、該当する。

4　通常使用する場合に必要な書類がない場合

（例）　法令等で常備することが義務付けられている書類（車検証、自動車損害賠償責任保険の被保険者証等）が、合理的理由がないのに備わっていない場合

5　その他

（例1）　出品者が自らの出品物について、盗品等であるかのような記述をしている場合

～「部品取り用であり登録はできません。この事情が分かる人だけ入札してください。」、「「これは盗難車ですか」という質問にはお答えしません。」などの記述が該当する。

（例2）　競りの中止の命令を受けて削除された出品物と同一と認められるものが出品されている場合

～製造番号等が一致するもの、同一の画像を掲載しているものなどが該当する。

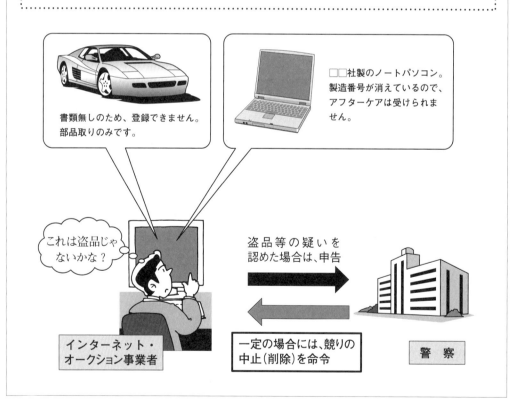

3 古物営業を営む人が受ける監督とはどのようなものか？

　古物営業法の第4章（第22条〜第25条）には、立入りや行政処分等について必要な規定が設けられています。

1　立　入　り　等

　法第22条には、警察職員による立入り等について定められています。

　立入り等は、古物営業の実態を把握し、あるいは、盗品等が混入していないかどうかを確認するために、警察職員が営業所、古物市場等に立ち入り、古物や帳簿等を検査等する制度です。

法第22条

　　警察職員は、必要があると認めるときは、営業時間中において、古物商の営業所若しくは仮設店舗、古物の保管場所、古物市場又は第10条第1項の競り売り（同条第3項及び第4項に規定する場合を除く。）の場所に立ち入り、古物及び帳簿等（第18条第1項に規定する書面で同項の記録が表示されたものを含む。第35条第3号において同じ。）を検査し、関係者に質問することができる。

2　前項の場合においては、警察職員は、その身分を証明する証票を携帯し、関係者に、これを提示しなければならない。

3　警察本部長等は、必要があると認めるときは、古物商、古物市場主又は古物競りあつせん業者から盗品等に関し、必要な報告を求めることができる。

4　前項の規定は、第21条の6第1項の認定を受けた者について準用する。

　下線部の「第18条第1項に規定する書面で同項の記録が表示されたもの」とは、例えば、コンピュータのハードディスクに記録された古物取引に関する記録を電算出力帳票に打ち出したもの等をいいます。

　警察本部長等は、必要があると認めるときは、古物商、古物市場主又は古物競りあつせん業者から盗品等に関し、必要な報告を求めることができることとされています。

2 指　　　示

　法第23条には、古物商若しくは古物市場主又はこれらの代理人等が、その古物営業に関し、

①　この法律又はこの法律に基づく命令の規定に違反した場合

②　他の法令の規定に違反した場合

において、盗品等の売買等の防止又は盗品等の速やかな発見が阻害されるおそれがあると認めるときは、当該古物商又は古物市場主の主たる営業所又は古物市場の所在地を管轄する公安委員会は、その業務の適正な実施を確保するため必要な措置をとるべきことを指示することができると定められています。この場合には、当該古物商又は古物市場主は、その指示に従わなければなりません。

> **法第23条第１項**
>
> 　古物商若しくは古物市場主又はこれらの代理人等がその古物営業に関しこの法律若しくはこの法律に基づく命令又は他の法令の規定に違反した場合において、盗品等の売買等の防止又は盗品等の速やかな発見が阻害されるおそれがあると認めるときは、当該古物商又は古物市場主の主たる営業所又は古物市場の所在地を管轄する公安委員会は、当該古物商又は古物市場主に対し、その業務の適正な実施を確保するため必要な措置をとるべきことを指示することができる。

　また、公安委員会は他の公安委員会の管轄区域内に主たる営業所若しくは古物市場を有する古物商若しくは古物市場主で当該公安委員会の管轄区域内において営業を営むもの又はこれらの代理人等がその古物営業に関し、上記①、②において、同法第１項と同様のおそれが認められるときは、同様の指示を行うことができるとされています。

> **法第23条第２項**
>
> 　公安委員会は、他の公安委員会の管轄区域内に主たる営業所若しくは古物市場を有する古物商若しくは古物市場主で当該公安委員会の管轄区域内において古物営業を営むもの又はこれらの代理人等が当該公安委員会の管轄区域内におけるその古物営業に関しこの法律若しくはこの法律に基づく命令又は他の法令の規定に違反した場合において、盗品等の売買等の防止又は盗品等の速やかな発見が阻害されるおそれがあると認めるときは、当該古物商又は古物市場主に対し、その業務の適正な実施を確保するため必要な措置をとるべきことを指示することができる。

　なお、指示の基準については269ページ以降を参照してください。

③　営業の停止等

　公安委員会は、次に掲げる場合においては、営業の停止又は許可の取消しを行うことができることとされています。

①　古物商若しくは古物市場主又はこれらの代理人等が、その古物営業に関し次の法令違反行為をした場合であって、盗品等の売買等の防止若しくは盗品等の速やかな発見が著しく阻害されるおそれがあると認めるとき。

　ア　古物営業法若しくは古物営業法に基づく命令（具体的には、国家公安委員会規則等をいいます。）の規定に違反した場合

　イ　他の法令の規定に違反した場合

②　古物商又は古物市場主が古物営業法に基づく処分に違反したとき

　なお、②でいう「古物営業法に基づく処分」には、法第23条の指示処分も含まれます。

法第24条

　古物商若しくは古物市場主若しくはこれらの代理人等がその古物営業に関しこの法律若しくはこの法律に基づく命令若しくは他の法令の規定に違反した場合において盗品等の売買等の防止若しくは盗品等の速やかな発見が著しく阻害されるおそれがあると認めるとき、又は古物商若しくは古物市場主がこの法律に基づく処分（前条の規定による指示を含む。）に違反したときは、当該古物商又は古物市場主の主たる営業所又は古物市場の所在地を管轄する公安委員会は、当該古物商又は古物市場主に対し、その古物営業の許可を取り消し、又は6月を超えない範囲内で期間を定めて、その古物営業の全部若しくは一部の停止を命ずることができる。

2　公安委員会は、他の公安委員会の管轄区域内に主たる営業所若しくは古物市場を有する古物商若しくは古物市場主で当該公安委員会の管轄区域内において古物営業を営むもの若しくはこれらの代理人等が当該公安委員会の管轄区域内におけるその古物営業に関しこの法律若しくはこの法律に基づく命令若しくは他の法令の規定に違反した場合において盗品等の売買等の防止若しくは盗品等の速やかな発見が著しく阻害されるおそれがあると認めるとき、又は当該古物商若しくは古物市場主が当該古物営業に関しこの法律に基づく処分（前条の規定による指示を含む。）に違反したときは、当該古物商又は古物市場主に対し、6月を超えない範囲内で期間を定めて、当該古物営業の全部又は一部の停止を命ずることができる。

　なお、営業停止等の基準については269ページ以降を参照してください。

4　許可の取消し

　公安委員会は、3で説明した古物営業に関して違法行為を行った場合に加えて、古物商等が法第6条に定める事由に該当することとなった場合には、許可を取り消すことができることとされています。

　その事由とは、

ア　不正な手段で許可を受けた場合

イ　古物商、管理者、役員等が欠格事由（5ページ）に該当することとなった場合

ウ　許可を受けても営業をしていない場合

エ　古物商又は古物市場主が所在不明の時や営業所又は古物市場の所在地が不明な時

です。

　エに該当する場合は、官報で公告後30日以内に所在を申し出なければ、聴聞を経ることなく許可が取り消されることとなります。

法第6条

　公安委員会は、第3条の規定による許可を受けた者について、次に掲げるいずれかの事実が判明したときは、その許可を取り消すことができる。

⑴　偽りその他不正の手段により許可を受けたこと。

⑵　第4条各号（第10号を除く。）に掲げる者のいずれかに該当していること。

⑶　許可を受けてから6月以内に営業を開始せず、又は引き続き6月以上営業を休止し、現に営業を営んでいないこと。

2　公安委員会は、第3条の規定による許可を受けた者の営業所若しくは古物市場の所在地を確知できないとき、又は当該者の所在（法人である場合においては、その役員の所在）を確知できないときは、国家公安委員会規則で定めるところにより、その事実を公告し、その公告の日から30日を経過しても当該者から申出がないときは、その許可を取り消すことができる。

3　前項の規定による処分については、行政手続法（平成5年法律第88号）第3章の規定は、適用しない。

施行規則第４条の２

　法第６条第２項の規定による公告は、官報によるものとする。

【第６条第２項の取消しの流れ】

4 営業内容に変更があったときはどうしたらよいのか？

　古物商、古物市場主又は古物競りあっせん業者は、営業内容に変更があったとき
は、公安委員会に変更届出書を提出しなければなりません。

《古物商又は古物市場主》

① 変更届を提出する場合

　それでは、古物商又は古物市場主は、どういう場合に変更届出書を提出しなけれ
ばならないのでしょうか。

法第7条第1項

　古物商又は古物市場主は、第5条第1項第2号に掲げる事項を変更しようとす
るときは、あらかじめ、主たる営業所又は古物市場の所在地を管轄する公安委員
会〔中略〕に、国家公安委員会規則で定める事項を記載した届出書を提出しなけ
ればならない。

法第7条第2項

　古物商又は古物市場主は、第5条第1項各号（第2号を除く。）に掲げる事項
に変更があつたときは、主たる営業所又は古物市場の所在地を管轄する公安委員
会に、国家公安委員会規則で定める事項を記載した届出書を提出しなければなら
ない。

　これによれば、
① 　主たる営業所又は古物市場の名称及び所在地
② 　その他の営業所又は古物市場の名称及び所在地
③ 　氏名若しくは名称又は住所若しくは居所
④ 　法人の代表者の氏名
⑤ 　営業所又は古物市場ごとに取り扱おうとする古物の区分
⑥ 　管理者の氏名又は住所

⑦　行商をしようとする者であるかどうかの別（古物商のみ）

⑧　ホームページ利用取引をしようとする者であるかどうかの別（古物商のみ）

⑨　ＵＲＬ（古物商のみ）

⑩　法人の役員の氏名又は住所

に変更があったときに変更届出書を提出しなければなりません。

　上記①、②について変更を行う際は、あらかじめ変更届を提出します。この変更には、既存の営業所又は古物市場の名称及び所在地の変更のみならず、営業所又は古物市場を新設する場合も含みます。

　その他の変更は、変更を行った後に届出書を提出することで足ります。ただし、上記③、④、⑦又は代表者が役員の場合、その住所の変更については許可証の記載事項に該当するため、変更届とは別途に許可証の書換えを受けなければなりません。詳しくは12ページを御覧ください。

2　どの警察署に提出したらよいのか

それでは、変更届出書をどこの警察署に提出すればよいのでしょうか。

(1)　営業所又は古物市場の名称変更又は所在地変更（新設、移設等）をするとき

┌ **法第7条第1項**
古物商又は古物市場主は、第5条第1項第2号に掲げる事項を変更しようとするときは、あらかじめ、主たる営業所又は古物市場の所在地を管轄する公安委員会（公安委員会の管轄区域を異にして主たる営業所又は古物市場の所在地を変更しようとするときは、その変更後の主たる営業所又は古物市場の所在地を管轄する公安委員会）に、国家公安委員会規則で定める事項を記載した届出書を提出しなければならない。

┌ **法第7条第3項**
前2項に規定する公安委員会以外の公安委員会の管轄区域内に営業所又は古物市場を有する古物商又は古物市場主は、前2項の規定による届出書の提出を当該公安委員会を経由して行うことができる。

┌ **施行規則第5条第3項**
法第7条第1項の規定により公安委員会に届出書を提出する場合（同条第3項の規定により同条第1項の規定による届出書の提出を経由して行う場合を含む。）においては、その営業所又は古物市場（二以上の営業所又は二以上の古物市場を有する者にあっては、当該営業所又は古物市場のうちいずれか一の営業所又は古物市場）の所在地の所轄警察署長を経由して、当該変更の日から3日前までに、1通の届出書を提出しなければならない。

名称のみを変更するのであれば、変更の3日前までに営業所又は古物市場の所在地の所轄警察署長を通じて変更届出書を提出します。営業所等が1つの場合はその所在地（主たる営業所等ということになります。）の所轄警察署に、2つ以上ある場合はそのいずれかの所在地の所轄警察署に出せばよいことになります。

一方、所在地の変更は、原則として名称変更と同様ですが、主たる営業所等を他

の都道府県に移す場合については、変更後の主たる営業所等の所在地を管轄する公安委員会に対して、変更前の主たる営業所等の所轄警察署を経由して提出することになります。例えば、主たる営業所等をA県a署管内からB県b署管内に移すときは、B県公安委員会宛の変更届出書をA県a警察署の生活安全担当課に提出します。ただし、従たる営業所等がある場合（つまり、２つ以上営業所等がある場合です。）には、その所在地の所轄警察署に提出しても構いません。

　営業所等に関する変更については、名称変更でも所在地変更でも「変更の３日前まで」に届け出なければなりません。従前は変更後の届出でしたが、事前届出に変更されていますので、十分に注意してください。

⑵　その他の事項を変更するとき

┌─**法第７条第２項**─────────────────────────
　古物商又は古物市場主は、第５条第１項各号（第２号を除く。）に掲げる事項に変更があつたときは、主たる営業所又は古物市場の所在地を管轄する公安委員会に、国家公安委員会規則で定める事項を記載した届出書を提出しなければならない。
└──────────────────────────────────

┌─**施行規則第５条第６項**───────────────────────
　法第７条第２項の規定により公安委員会に届出書を提出する場合（同条第３項の規定により同条第２項の規定による届出書の提出を経由して行う場合を含む。）においては、その営業所又は古物市場（二以上の営業所又は二以上の古物市場を有する者にあっては、当該営業所又は古物市場のうちいずれか一の営業所又は古物市場）の所在地の所轄警察署長を経由して、当該変更の日から14日（届出書に登記事項証明書を添付すべき場合にあっては、20日）以内に、１通の届出書を提出しなければならない。
└──────────────────────────────────

　その他の事項を変更する場合には、変更後14日（登記事項証明書を添付する場合には20日）以内に、営業所又は古物市場の所在地の所轄警察署長を通じて変更届出書を提出します。営業所等が１つの場合はその所在地（主たる営業所等ということになります。）の所轄警察署に、２つ以上ある場合はそのいずれかの所在地の所轄警察署に出せばよいことになります。

③ 何を届け出ればよいのか

⑴ 変 更 届

　主たる営業所又は古物市場若しくはその他の営業所又は古物市場の名称及び所在地の変更については、その変更を行う変更予定年月日と変更事項をあらかじめ届け出ることになります。変更届出書の様式については、施行規則別記様式第5号（220ページ）を御覧ください。

　その他の変更については、変更年月日と変更事項を変更後に施行規則別記様式第6号（221ページ）をもって届け出ることとなります。

　なお、本書の読者の方は、東京法令出版のウェブサイト（https://www.tokyo-horei.co.jp/policeman/kobutsueigyo-yoshiki/）からもダウンロードできます。

⑵ 添 付 書 類

　変更届の添付書類については、次のように定められています。

> **施行規則第5条第7項**
>
> 　法第7条第4項の国家公安委員会規則で定める書類は、第1条の3第3項各号に規定する書類のうち当該変更事項に係る書類とする。

　これによれば、施行規則第1条の3第3項の各号は許可申請の際に添付した書類（197・198ページ）のことを指し、変更事項がこれらに係る場合には改めて変更届出書に添付し提出することとなります。

　例えば管理者や役員を変更したときは、変更後の管理者や役員に係る
① 最近5年間の略歴を記載した書面
② 住民票の写し（戸籍の表示、国籍等を記載したもの）
③ 従前の例によることとされる準禁治産者又は破産手続開始の決定を受けて復権を得ない者に該当しない旨の市町村の長の証明書
④ 欠格事由に該当しない旨を記載した誓約書
それぞれを提出することになります。

　ただし、営業所又は古物市場の管理者については、他の営業所又は古物市場の管理者（店員）を人事異動で別の営業所又は古物市場の管理者（店員）に交代するような場合、既にその古物商又は古物市場主の他の営業所等の管理者である者を管理

者にするときは、既に前の営業所等の管理者になる段階で必要な添付書類が提出されているので、後の営業所等の管理者（店員）に選任したときには、改めて添付書類を提出しなくてもよいこととされています（施行規則第5条第8項）。

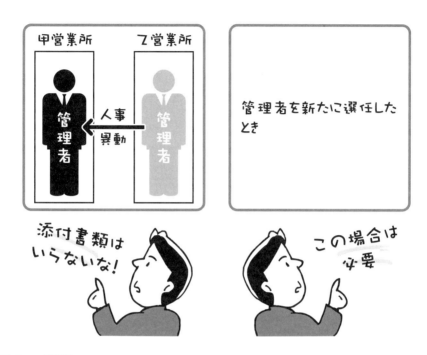

⑶　届出の期限

　主たる営業所又は古物市場若しくはその他の営業所又は古物市場の名称及び所在地の変更については、変更予定年月日の日から3日前までに提出をしなければなりません。

　その他の変更については、変更年月日の日から14日（登記事項証明書を添付すべき場合にあっては、20日）以内に提出することとなります。

〈届出に係る提出書類と期限一覧〉

変更内容	様式	提出期限	添付書類
営業所又は古物市場の所在地の変更	施行規則別記様式第5号	変更予定年月日の日から3日前	施行規則第1条の3第3項各号に規定する書類のうち当該変更事項に係る書類
その他の変更	施行規則別記様式第6号	変更年月日の日から14日（登記事項証明書を添付すべき場合20日）以内	

4　許可証の書換えを受ける場合

　法第7条第5項には、変更届出書を提出する場合において、「当該届出書に係る事項が許可証の記載事項に該当するときは、許可証の書換えを受けなければならない」と定められています。

法第7条第5項

　第1項又は第2項の規定により届出書を提出する場合において、当該届出書に係る事項が許可証の記載事項に該当するときは、その書換えを受けなければならない。

　なお、書換申請書等の提出先は、変更届出書を提出した警察署にしましょう。
　したがって、
① 　氏名又は名称
② 　住所又は居所
③ 　代表者の氏名
④ 　代表者の住所
⑤ 　行商をしようとする者であるかどうかの別
に変更があったときには、許可証の書換えを受けなければなりません。

施行規則第5条第9項

　法第7条第5項の規定により許可証の書換えを受けようとする者は、主たる営業所又は古物市場の所在地を管轄する公安委員会に、別記様式第6号の書換申請書及び当該許可証を提出しなければならない。

　複数の都道府県にまたがって営業している場合、上記①から⑤までに変更があった場合は、変更届出書はいずれか1つの公安委員会に提出すれば構いませんが、主たる営業所又は古物市場の所在地を管轄する公安委員会に対して、別記様式第6号の書換申請書及び当該許可証を提出して行わなければなりません。

《古物競りあっせん業者》

① 変更届を提出する場合

　古物競りあっせん業者は、どういう場合に変更届出書を提出しなければならないのでしょうか。

　法第10条の２第２項には、「同項（法第10条の２第１項）各号に掲げる事項に変更があつたとき」と定められています。

法第10条の２第２項

　前項の届出書を提出した者は、古物競りあつせん業を廃止したとき、又は同項各号に掲げる事項に変更があつたときは、公安委員会（公安委員会の管轄区域を異にして営業の本拠となる事務所を変更したときは、変更後の営業の本拠となる事務所の所在地を管轄する公安委員会）に、国家公安委員会規則で定める事項を記載した届出書を提出しなければならない。この場合において、届出書には、国家公安委員会規則で定める書類を添付しなければならない。

　したがって、
① 氏名又は名称及び住所又は居所並びに法人にあっては、その代表者の氏名
② 営業の本拠となる事務所その他の事務所の名称及び所在地
③ 法人にあっては、その役員の氏名及び住所
④ 法第２条第２項第３号の競りの方法
⑤ 営業を示すものとして使用する名称
⑥ ＵＲＬ
に変更があったときには、変更届出書を提出しなければなりません。

② どの警察署に提出したらよいのか

それでは、変更届出書をどこの警察署に提出すればよいのでしょうか。

施行規則第9条の3第3項

法第10条の2第2項の規定により公安委員会に届出書を提出する場合においては、営業の本拠となる事務所の所在地の所轄警察署長を経由して、古物競りあっせん業の廃止又は変更の日から14日（当該届出書に登記事項証明書を添付すべき場合にあっては、20日）以内に、1通の届出書を提出しなければならない。

つまり、営業の本拠となる事務所の所在地以外の変更をした場合は、営業開始の届出書を提出した警察署となります。

営業の本拠となる事務所の所在地を変更した場合は、変更後の所在地の所轄警察署長に提出することとなります。

③ 何を届け出ればよいのか

⑴ 変更届

　変更年月日と変更事項を届け出てもらうことになります（施行規則第９条の３第１項第２号）。変更届出書の様式については、第４章施行規則別記様式第11号の４（227ページ）を御覧ください。

⑵ 添付書類

　施行規則第９条の３第４項には、変更届の添付書類について次のように定められています。

> **施行規則第９条の３第４項**
>
> 　法第10条の２第２項の国家公安委員会規則で定める書類は、変更があった場合の届出に係る届出書にあっては、前条第３項に規定する書類のうち当該変更事項に係る書類とする。

　具体的には、
① 　届出者が個人である場合には、住民票の写し（戸籍の表示、国籍等を記載したもの）
② 　届出者が法人である場合には、定款及び登記事項証明書
③ 　ＵＲＬ使用権限疎明資料
です。

第 2 章

用 語 の 解 説

●●● 索　　引 ●●●

●●●　あ行　●●●

相手方の署名文書　古物商が古物の買受け等をした場合、身分証明書等によって相手方の確認をする代わりに、相手方からその住所、氏名、職業及び年齢が記載された文書（その者の署名のあるものに限る。）の交付を受けることでも足りることとされています（法第15条第1項）。この相手方の住所、氏名、職業及び年齢が記載され、相手方の署名のある文書を「相手方の署名文書」といいます。

　この相手方の署名は、当該古物商又はその代理人、使用人その他の従業者の面前において、万年筆、ボールペン等により明瞭になされたものでなければならないこととされており、また、古物商は、記載された住所、氏名、職業又は年齢が真正なものでない疑いがあるときは、身分証明書等の提示を受けて相手方の住所、氏名、職業又は年齢を確認するようにしなければならないこととされています（施行規則第15条第2項）。

営業所　古物営業（古物商営業）を行う場所をいいます。営業の本拠となるものは「主たる営業所」といい、その所在地にある警察署でその後の様々な手続を行うこととなります。

　古物商は、その営業所又は取引の相手方の住所若しくは居所以外の場所においては、買い受け等のため、古物商以外の者から古物を受け取ってはならないこととされています（法第14条第1項）。ただし、行商を行う場合であって、あらかじめ、その日時及び場所を、仮設店舗の場所を管轄する公安委員会に届け出たときは仮設店舗においても買い受けのため古物を受け取ることができます（法第14条第1項ただし書）。

営業の制限　古物商は、あらかじめ届け出た仮設店舗を除き、営業所又は取引の相手方の住所若しくは居所以外の場所において、買受け等のため古物商以外の者から古物を受け取ってはいけないこととされています（法第14条第1項）。

　また、古物市場では、古物商同士でしか取引をすることができません（同条第3項）。

営業の停止　法第24条各項においては、重大な法令違反行為等に対する行政処分として、営業の停止処分について規定しています。

　営業の停止の命令がなされるのは、

①　古物商若しくは古物市場主又はこれらの代理人等が、その古物営業に関し古物営業法若しくは古物営業法に基づく命令の規定に違反し、又は他の法令の規定に違反した場合において盗品等の売買等の防止若しくは盗品等の速やかな発見が著しく阻害されるおそれがあると認められるとき

②　古物商又は古物市場主が古物営業法に基づく処分（指示処分を含む。）に違反したとき

で、これらの場合、公安委員会は、当該古物商又は古物市場主に対し、6か月を超えない範囲内で期間を定めて、その古物営業の全部若しくは一部の停止を命ずることができることとされています。

営業の本拠となる事務所　古物競りあっせん業を営む事務所のうち、主たるものを指します（法第10条の2第1項）。事務所が1つしかない場合は、その事務所が営業の本拠となる事務所に当たります。

　なお、サーバーが設置されている場所を指すのではありません。

閲覧等　公安委員会は、ホームページ利用取

引をする古物商の①氏名又は名称、②ＵＲＬ、③許可証の番号を、公安委員会のホームページに掲載することとされています（法第８条の２第１項）。

　インターネットには匿名性等の問題があるため、単に古物商に法第12条第２項の表示（17ページ参照）を義務付けるだけでは、無許可業者が許可業者を装って虚偽の内容を掲載することも懸念されます。このため、これを防止する手段として、公安委員会のホームページに、ホームページ利用取引を行う古物商の許可証の番号等を掲載することとされました。この措置と古物商による許可証の番号等の表示とがあいまって、個々の顧客が無許可業者との取引を差し控える結果として、無許可営業の淘汰が図られるほか、警察による無許可営業の取締りにも資することとなります。

大型機械類　船舶、航空機、工作機械その他これらに類する物をいいます(法第２条第１項)。

　政令第２条では、古物営業法の規制対象から除外される大型機械類として、

① 船舶（総トン数20トン未満の船舶及び端舟その他ろかいのみをもって運転し、又は主としてろかいをもって運転する舟を除く。）
② 航空機
③ 鉄道車両
④ コンクリートによる埋め込み、溶接、アンカーボルトを用いた接合その他これらと同等以上の強度を有する接合方法により、容易に取り外すことができない状態で土地又は建造物に固定して用いられる機械であって、重量が１トンを超えるもの
⑤ 前各号に掲げるもののほか、重量が５トンを超える機械（船舶を除く。）であって、自走することができるもの及びけん引されるための装置が設けられているもの以

外のもの

が定められています。

● ● ●　**か行**　● ● ●

確認等の義務

　古物商は、古物を買い受け、若しくは交換し、又は売却若しくは交換の委託を受けようとするときは、その相手方の住所、氏名、職業及び年齢の確認をし、又はその相手方からその住所、氏名、職業及び年齢が記載された文書（その者の署名のあるものに限る。）の交付を受けなければならないことなどが規定されています（法第15条第１項）。これを確認等の義務といいます。

　確認の具体的な方法については、施行規則第15条第１項から第３項までに定められており、対面取引では身分証明書等の提示を受け、又はその相手方以外の者でその相手方の身元を確かめるに足りるものに問い合わせたり、相手方に文書や電子タブレット等に署名させることとされています。

　一方、非対面取引においては、相手方から住所、氏名、職業及び年齢の申出を受けるとともに住民票の写し（役所が出す「原本」です。）の送付を受け、本人名義の口座に代金を振り込むなどの措置をとることとされています。非対面取引の確認措置については、23ページで図解していますので、そちらも参考にしてください。

　なお、施行規則第15条第４項においては、**古物市場主**は、古物市場において取引をしようとする者について、許可証、行商従業者証その他の証明書により、古物商又はその代理人等であることを確かめなければならないこととされています。

　古物競りあっせん業者は、古物の売却をしようとする者から出品を受け付けようとするときは、その者の真偽を確認するための措置を

とるよう努めなければならないこととされています。出品者の確認は、出品を受け付ける前に実施しなければならないので、古物競りあっせん業者が申込みを受けた後直ちに出品を認めようとする場合には、その者の真偽を確認するための措置を即時に行う必要があります。

　具体的には、口座振替による認証、通常のクレジットカード認証のほか、これらと同程度の効果があるものであればよいこととされています。

確認等の義務の免除

① 　対価の総額が１万円未満である取引をする場合。ただし、

　イ　自動二輪車及び原動機付自転車（これらの部分品（ねじ、ボルト、ナット、コードその他の汎用性の部分品を除く。）を含む。）

　ロ　専ら家庭用コンピュータゲームに用いられるプログラムを記録した物

　ハ　光学的方法により音又は影像を記録した物

　ニ　書籍

　を取引する場合を除く。

② 　自己が売却した物品を当該売却の相手方から買い受ける場合

には確認等の義務が免除されています（法第15条第２項、施行規則第16条）。

仮設店舗

仮設店舗　営業所以外の場所に仮に設けられる店舗であって、容易に移転することができるものです。以前は「露店」と呼ばれていました。ここで行う営業は「行商」に当たります。

簡易取消し

簡易取消し　古物商又は古物市場主が所在不明の場合や営業所又は古物市場の所在地が不明な場合に、官報に公告後30日で聴聞を経ることなく許可を取り消すことです。

管理者　営業所又は古物市場に係る業務を適正に実施するための責任者をいいます。

　古物商又は古物市場主は、営業所又は古物市場ごとに、管理者１人を選任しなければならないこととされています（法第13条第１項）。

　管理者については、法第13条第２項において欠格事由が定められており、

① 　破産手続開始の決定を受けて復権を得ない者

② 　（罪種を問わず）禁錮刑や懲役刑に処せられ、又は無許可古物営業や名義貸しのほか窃盗、背任、遺失物横領、盗品譲受け等で罰金刑に処せられ、その執行を終わり、又はその執行を受けなくなってから５年を経過しない者

③ 　暴力団員

④ 　暴力団員でなくなってから５年を経過しない者

⑤ 　暴力団以外の犯罪組織の構成員で、強いぐ犯性が認められる者

⑥ 　暴力団対策法第12条、第12条の４第２項及び第12条の６の命令又は指示を受けた者であって、受けてから３年を経過しない者

⑦ 　住居の定まらない者

⑧ 　法第24条の規定により古物営業の許可を取り消された者等

⑨ 　未成年者

⑩ 　精神機能の障害により管理者の業務を適正に実施するに当たって必要な認知、判断及び意思疎通を適切に行うことができない者

は管理者となることができません。

　公安委員会は、管理者がその職務に関し法令の規定に違反した場合において、その情状により管理者として不適当であると認めたときは、古物商又は古物市場主に対して、管理者の解任を勧告することができることとされています（法第13条第４項）。

管理者に必要な知識、技術又は経験 古物商又は古物市場主は、管理者に、取り扱う古物が不正品であるかどうかを判断するために必要なものとして国家公安委員会規則で定める知識、技術又は経験を得させるよう努めなければならないこととされています（法第13条第3項）。

　施行規則第14条では、これを受けて、古物商又は古物市場主は、自動車、自動二輪車又は原動機付自転車を取り扱う営業所又は古物市場の管理者に、不正品の疑いがある自動車の車体、車台番号打刻部分等における改造等の有無並びに改造等がある場合にはその態様及び程度を判定するために必要とされる知識、技術又は経験であって、当該知識、技術又は経験を必要とする古物営業の業務に3年以上従事した者が通常有し、公益法人等が行う講習の受講その他の方法により得ることができる知識、技術又は経験を得させるよう努めなければならないこととされています。

行商 営業所を離れて取引を行う営業形態をいいます。また、道路その他一般公衆が通行する場所等に設けられた仮設の店舗を「仮設店舗」といい、仮設店舗を出すことも行商に含まれます。

　古物商営業を営もうとする者で行商をしようとするものは、許可申請書にその旨を記載しなければなりません（法第5条第1項第5号）。

　また、従来行商をしていた古物商が行商をやめたとき、又は従来行商をしていなかった古物商が新たに行商を始めたときは、主たる営業所又は古物市場の所在地を管轄する公安委員会に変更の届出をしなければなりません（法第7条第2項）。

行商従業者証 古物商は、従業者に行商をさせるときは、「行商従業者証」を携帯させなけ

ればなりません（法第11条第2項）。この場合において、従業者は、取引の相手方から行商従業者証の提示を求められたときは、これを提示しなければなりません（法第11条第3項）。

　行商従業者証の様式については、施行規則別記様式第12号に定められていますが、この様式のほか、古物商によって組織された団体で一定の要件を満たすものがその構成員に共通して利用させるものとして定めた様式で国家公安委員会又は公安委員会の承認を受けたものも用いることができます（施行規則第12条、行商従業者証等の様式の承認に関する規程）。

業務の実施の方法の認定 古物競りあっせん業者は、その業務の実施の方法が、国家公安委員会が定める盗品等の売買の防止及び速やかな発見に資する方法の基準に適合することについて、公安委員会の認定を受けることができることとされています（法第21条の5第1項）。

　認定を受けた事業者は、そのホームページ上に施行規則別記様式第16号の3の表示をすることができます。これにより、優良なインターネット・オークションを利用者が判別できることとなるため、財産犯の犯人が盗品等を容易に出品できるインターネット・オークションが淘汰されて減少することや、適切な方法により業務を実施する古物競りあっせん業者が増加することが期待されます。また、利用者にとっても、多数のインターネット・オークションの中から、適切な方法による業務の実施により安全な取引を提供してくれるものを選択することが可能となるので、利用者の保護、取引の安全にも資するものと考えられます。

業務の実施の方法の認定の取消し 認定古物競りあっせん業者が一定の欠格事由に該当するに至ったとき、盗品等の売買の防止等に資する方法の基準に適合しなくなったときなどに

は、公安委員会は、その認定を取り消すことができることとされています（法第21条の５第４項、施行規則第19条の10）。

許可証　公安委員会が古物商営業又は古物市場営業の許可をしたときは、許可証が交付されます。

　古物商は、競り売りをするとき、又は本人が行商をするときは、許可証を携帯していなければならないこととされています（法第11条第１項）。

　そして、行商をする場合において、取引の相手方から許可証の提示を求められたときは、これを提示しなければならないこととされています（法第11条第３項）。

許可証の再交付　許可証の交付を受けた者は、許可証を亡失し、又は許可証が滅失したときは、速やかにその旨を主たる営業所又は古物市場の所在地を管轄する公安委員会に届け出て、許可証の再交付を受けなければならないこととされています（法第５条第４項）。

許可の取消し　法第24条各項では、営業の停止のほか、許可の取消しについても規定しています。

　許可の取消しの要件については、営業の停止と同じですが、営業の停止だけでは違法状態等を是正するのに十分な効果が期待できない場合、許可の取消しが行われることとなります。

　なお、法第６条においては、これと別の許可の取消し事由を掲げており、許可を受けた者について、

①　不正な手段で許可を受けた場合

②　古物商、管理者、役員等が欠格事由に該当することとなった場合

③　許可を受けても営業をしていない場合

④　古物商又は古物市場主が所在不明の場合

や営業所又は古物市場の所在地が不明な場合

のいずれかの事由が判明したときは、公安委員会は許可を取り消すことができることとされています。また、上記④については、公安委員会の公告から30日経過しても申出がない場合、聴聞を実施できないことが明らかなため、聴聞を経ずに取消しが行われます。

金券類　「商品券」、「乗車券」、「郵便切手」及びこれらに類する証票その他の物として政令第１条に規定されているものをいいます（法第２条第１項）。

　政令第１条では、商品券、乗車券及び郵便切手に類するものとして、

①　航空券

②　興行場（映画、演劇、音楽、スポーツ、演芸又は見せ物を公衆に見せ、又は聞かせる場所をいいます。）又は美術館、遊園地、動物園若しくは博覧会の会場その他不特定かつ多数の者が入場する施設若しくは場所の入場券

③　収入印紙

④　金額（金額を単位数に換算したものを含む。）又は物品若しくは役務の数量が記載され、又は電磁的方法により記録されている証票その他の物であって次に掲げるもの

　イ　乗車券の交付を受けることができるもの

　ロ　電話の料金の支払のために使用することができるもの〔テレホンカード〕

　ハ　タクシーの運賃又は料金の支払のために使用することができるもの〔いわゆるタクシークーポン等〕

　ニ　有料の道路の料金の支払のために使用することができるもの〔有料道路回数券等〕

が定められています。

警察本部長等　警視総監若しくは道府県警察本部長又は警察署長をいいます。

欠格事由　古物商営業又は古物市場営業の許可の申請をした者が、一定の前科がある者等、法令の規定を遵守して適正に古物営業を営めないおそれがある者である場合には、公安委員会は、許可をしてはならないこととされています（法第4条）。この、古物営業の許可を受けることができない一定の事由のことを許可の「欠格事由」といいます。

　法第4条では、欠格事由に該当する者として、

① 破産手続開始の決定を受けて復権を得ない者

② （罪種を問わず）禁錮刑や懲役刑に処せられ、又は無許可古物営業や名義貸しのほか窃盗、背任、遺失物横領、盗品譲受け等で罰金刑に処せられ、その執行を終わり、又はその執行を受けなくなってから5年を経過しない者

③ 暴力団員

④ 暴力団員でなくなってから5年を経過しない者

⑤ 暴力団以外の犯罪組織の構成員で、強いぐ犯性が認められる者

⑥ 暴力団対策法第12条、第12条の4第2項及び第12条の6の命令又は指示を受けた者であって、受けてから3年を経過しない者

⑦ 住居の定まらない者

⑧ 法第24条の規定により古物営業の許可を取り消された者等

⑨ 精神機能の障害により古物営業を適正に営めない者

⑩ 一定の未成年

⑪ 営業所又は古物市場ごとに管理者を選任しないと考えられる者

⑫ 法人で、役員に①から⑨までのいずれかに該当する者があるもの

を定めています。

　なお、いったん古物営業の許可を受けた人がその後欠格事由に該当することとなった場合には、公安委員会は、その許可を取り消すことができることとされています（法第6条第2号）。

公安委員会　都道府県警察を管理する行政機関として、各都道府県には、都道府県公安委員会が置かれています（北海道においては、その地域が広大であるため、道公安委員会に加えて4つの方面公安委員会が置かれています。）。

　古物営業法に基づく許可申請や届出等は、そのほとんどが都道府県公安委員会に対して行うべきものとされていますが、施行規則においては、申請者等の利便等を考慮し、警察署等を経由して行うよう規定しています。したがって、実際の許可申請や届出等は、所定の警察署の窓口に出向いて行うことになります。

　なお、本書の記述で単に「公安委員会」とあるのは、都道府県公安委員会のことです。

公安委員会による情報の提供　法第26条においては、公安委員会による情報提供について規定されています。すなわち、公安委員会は、盗品等の売買等の防止に資するため、盗品等に関する情報の提供を求める者で国家公安委員会規則で定めるものに対し、当該情報の提供を行うことができることとされています。

　この制度は、公安委員会が盗品等に関する情報を提供することにより、古物商又は古物市場主が盗品等を買い取ることを未然に防止し、古物商又は古物市場主の利益を図るとともに、盗品等の売買の防止と財産犯の被害の迅速な回復を図ることを目的とするものです。

古物　古物営業法の規制の対象となる物品のことです。「古物」とは、

① 一度使用された物品

②　使用されない物品で使用のために取引されたもの

③　①又は②に幾分の手入れをしたもの

をいいます。ここでいう「物品」には、鑑賞的美術品及び商品券、乗車券、郵便切手その他政令で定めるこれらに類する証票その他の物が含まれ、また、大型機械類で政令で定めるものが除かれることとされています（法第2条第1項）。

古物営業　次に掲げる営業をいいます（法第2条第2項）。

①　古物を売買し、若しくは交換し、又は委託を受けて売買し、若しくは交換する営業。ただし、古物を売却すること又は自己が売却した物品を当該売却の相手方から買い受けることのみを行う営業は除かれます（古物商営業）。

②　古物市場を経営する営業（古物市場営業）。

③　古物の売買をしようとする者のあっせんをインターネットを利用した競りの方法により行う営業。ただし、古物市場営業に当たるものを除きます（インターネット・オークション営業）。

古物市場　古物商間の古物の売買又は交換のための市場をいいます（法第2条第2項第2号）。

古物市場営業を営もうとする場合の許可申請書には、古物市場ごとの規約（当該古物市場の開閉の日時、当該古物市場における取引の要領等を記載した書面をいいます。）を添付する必要があり、この規約には、当該古物市場に参集する主たる古物商の住所及び氏名を記載した名簿を付さなければなりません（施行規則第1条の3第3項第4号及び第4項）。また、規約を変更した場合は、変更後の規約を主たる古物市場の所在地を管轄する公安委員会に提出することになっています（施行規則第6条）。

なお、古物市場においては、古物商間でなければ古物の売買等を行ってはならないこととされています（法第14条第3項）。

古物市場主　公安委員会の許可を受けて古物市場営業を営む者をいいます（法第2条第4項）。

古物商　公安委員会の許可を受けて古物商営業を営む者をいいます（法第2条第3項）。

古物競りあっせん業者　インターネット・オークション営業を営む者をいいます。

政令により、法の規制の対象を、インターネット・オークション営業に当たる可能性がある営業のうち盗品等の処分が多発している「インターネット・オークション」に限っていることから、インターネット・オークション事業者のことを指します。

古物の区分　施行規則第2条では、古物を大きく分けて次の13に区分しています。

①　美術品類

②　衣類

③　時計・宝飾品類

④　自動車

⑤　自動二輪車及び原動機付自転車

⑥　自転車類

⑦　写真機類

⑧　事務機器類

⑨　機械工具類

⑩　道具類

⑪　皮革・ゴム製品類

⑫　書籍

⑬　金券類

古物営業の許可を受けようとする場合には、

許可申請書に営業所又は古物市場ごとに取り扱おうとする古物の区分を記載する必要があり（法第 5 条第 1 項第 3 号）、また、営業所又は古物市場において取り扱う古物の区分を変更したときは、公安委員会に届け出なければなりません（法第 7 条第 2 項）。

●●● さ行 ●●●

差止め 法第21条においては、警察本部長等は、古物商が買い受け、若しくは交換し、又は売却若しくは交換の委託を受けた古物について、盗品等であると疑うに足りる相当な理由がある場合においては、当該古物商に対し30日以内の期間を定めて、その古物の保管を命ずることができることとされています。これを「差止め」といいます。

差止めは、盗品等が第三者に転売等されることを防止し、もって被害者又は遺失主による盗品等の回復を容易にするために設けられている制度です。

指示 古物営業法令違反等古物営業が適正に行われていないと認められる場合に、公安委員会が古物商又は古物市場主に対し、その業務の適正な実施を確保するため必要な措置をとるべきことを指示する処分です。

指示処分が行われるのは、古物商若しくは古物市場主又はこれらの代理人等がその古物営業に関し、

① 古物営業法又は古物営業法に基づく命令の規定に違反した場合
② 他の法令の規定に違反した場合

において、盗品等の売買等の防止又は盗品等の速やかな発見が阻害されるおそれがあると認められるときです（法第23条各項）。

市町村の長の証明書の提出 「市町村の長の証明書」とは、自分が古物営業の許可の欠格事由である準禁治産の宣告を受けているもの、破産者で復権を得ないものに該当しないことを証明する書類のことです。なお、外国人の方は、市町村の長の証明書は必要ありません（施行規則第 1 条の 3 第 3 項第 1 号ハ）（11ページ参照）。

品触れ 法第19条第 1 項においては、警察本部長等は、必要があると認めるときは、古物商又は古物市場主に対して、盗品等の「品触れ」を発することができることとされています。

この品触れは、盗品等の古物取引市場への流入を防止するとともに、被害者による盗品等の回復を容易にするために設けられている制度です。

品触れを受けた古物商又は古物市場主は、その品触書に到達の日付を記載し、その日から 6 か月間これを保存しなければならないこととされています（法第19条第 2 項）。

そして、古物商は、品触れを受けた日にその古物を所持していたとき、又は上記の期間内に品触れに相当する古物を受け取ったときは、その旨を直ちに警察官に届け出なければならないこととされており、また、古物市場主は、上記の期間内に品触れに相当する古物が取引のため古物市場に出たときは、その旨を直ちに警察官に届け出なければならないこととされています（法第19条第 3 項、第 4 項）。

住民票の写し等 住民票の写し、住民票の記載事項証明書、戸籍の謄本若しくは抄本（戸籍の附票の写しがあるものに限られます。）又は印鑑登録証明書をいいます。戸籍の附票とは、これまでの住所の履歴が記載されているものです。

申告義務 古物商は、買い受け、若しくは交換し、又は売却若しくは交換の委託を受けよう

とする古物について不正品の疑いがあると認めるときは、直ちに、警察官にその旨を申告しなければならないこととされています（法第15条第3項）。

また、古物競りあっせん業者は、あっせんの相手方が売却しようとする古物について、盗品等の疑いがあると認めるときは、直ちに、警察官にその旨を申告しなければならないとされています（法第21条の3）。

競り売り　複数の買手に価格の競争をさせて取引を行う営業形態をいいます。

古物商が古物市場主の経営する古物市場以外において競り売りをしようとするときは、あらかじめ、その日時及び場所を、その場所を管轄する公安委員会に届け出なければならないこととされています（法第10条第1項）。ただし、当該公安委員会の管轄区域内に営業所を有しない場合は、営業所を管轄する公安委員会を経由して行うことができます（同条第2項）。

競りの中止　盗品等がインターネット・オークションに出品されて、第三者に売却されれば、財産犯の犯人がその売却代金を入手することになる上、盗品等の所在が不明になるなど被害回復に支障を来すおそれがあり、さらに、取引の安全が損なわれることにもなります。このため、そのような事態に至るのを間際で阻止するために、出品された古物について、盗品等であると疑うに足りる相当な理由がある場合においては、警察本部長等は、古物競りあっせん業者に対し、当該古物に係る競りを中止する（削除する）ことを命ずることができることとされています（法第21条の7）。

●●●　た　行　●●●

立入検査　警察職員は、古物営業法の施行上必要があると認めるときは、営業時間中において、古物商の営業所若しくは仮設店舗、古物の保管場所、古物市場等に立ち入り、古物及び帳簿等（電磁的方法による記録を含みます。）を検査し、関係者に質問することができることとされています（法第22条）。

帳簿に準ずる書類　帳簿に代えて、「帳簿に準ずる書類」に取引内容を記載してもよいこととされています（法第16条）。

「帳簿に準ずる書類」とは、

①　法第16条又は第17条の規定により記載すべき事項を当該営業所又は古物市場における取引の順に記載できる様式の書類

②　取引伝票その他これに類する書類であって、法第16条又は第17条の規定により記載すべき事項を取引ごとに記載できる様式の書類

をいいます（施行規則第17条第2項）。

このうち、②の書類に記載をしたときは、これをその営業所又は古物市場における取引の順にとじ合わせておかなければなりません（施行規則第17条第3項）。

電磁的方法による記録　電磁的方法により取引内容を記録することも認められています。

「電磁的方法」とは、電子的方法、磁気的方法その他の人の知覚によって認識することができない方法をいい、「電磁的方法による記録」の例としては、コンピュータのハードディスクや光ディスクによる取引データの保存等が考えられます。

電磁的方法による記録は、営業所又は古物市場において「直ちに書面に表示することができるようにして」保存しておかなければならないこととされています（法第18条第1項）。例えば、オンラインにより各営業所の取引データを本社のコンピュータで一括して管理していて

も、各営業所に端末装置とプリントアウトに必要な機器が設置されており、要求があったときは直ちに当該営業所に係る取引の記録をプリントアウトできるようになっていれば、ここでいう「直ちに書面に表示することができるようにして」保存していることになります。

　なお、平成10年の施行規則の改正により、電磁的方法による記録を保存する場合には、国家公安委員会が定める基準を確保するよう努めなければならない旨定められ（施行規則第19条）、「電磁的方法による保存等をする場合に確保するよう努めなければならない基準」（平成10年国家公安委員会告示第10号）が定められています（246ページ参照）。

到達を確認する　取引の相手方の確認として、本人限定受取郵便物等や配達記録郵便物等を送付するときに行います。郵便物に受付番号等を記載して送付し、その受付番号等を電話や電子メール等で連絡させる方法などがこれに当たります。郵便物を送りっ放しにせずに、こうした措置を執る必要があります。

独自ソフトウェア　非対面取引での相手方の確認に用います。撮影又はＩＣチップの読取り及び画像情報やＩＣチップデータの送信機能を有しているソフトウェアで、撮影後の画像を加工することができないこと、明瞭に撮影できることなど、確認措置として十分な機能・性能を有する必要があります。市販又は一般に流通しているソフトウェアを用いることはできません。古物商が独自で開発したもののほか、古物商からの委託を受けて他社が独自に開発したものでも構いません。

取引の記録義務　**古物商**は、売買若しくは交換のため、又は売買若しくは交換の委託により、古物を受け取り、又は引き渡したときは、その都度、

　①　取引の年月日
　②　古物の品目及び数量
　③　古物の特徴
　④　相手方の住所、氏名、職業及び年齢
　⑤　法第15条第1項の規定によりとった措置の区分

を、帳簿若しくは帳簿に準ずる書類（以下「帳簿等」といいます。）に記載し、又は電磁的方法により記録しておかなければならないこととされています（法第16条）。

　また、**古物市場主**は、その古物市場において売買され、又は交換される古物について、取引の都度、上記①から③までの事項と、

　⑥　取引の当事者の住所及び氏名

を帳簿等に記載し、又は電磁的方法により記録しておかなければならないこととされています（法第17条）。

　古物商又は古物市場主は、帳簿等を最終の記載をした日から3年間営業所若しくは古物市場に備え付け、又は電磁的方法による記録を当該記録をした日から3年間営業所若しくは古物市場において直ちに書面に表示することができるようにして保存しておかなければなりません（法第18条第1項）。

　また、**古物商又は古物市場主**は、帳簿等又は電磁的方法による記録をき損し、若しくは亡失し、又はこれらが滅失したときは、直ちに営業所又は古物市場の所在地の所轄警察署長に届け出なければならないこととされています（法第18条第2項）。

　古物競りあっせん業者は、古物の売買をしようとする者のあっせんを行ったときは、書面又は電磁的方法による記録の作成及び保存に努めなければならないこととされました。

　記録の作成に努めるべき事項は、

　①　古物の出品日
　②　古物の出品情報及び出品者・落札者の

ユーザーＩＤ等でサイトに掲載されたもの

③　出品者・落札者がユーザー登録等の際に登録した人定事項であって、古物競りあっせん業者が記録することに同意したもの

となります。

記録の保存方法は、特に限定されていません。具体的な方法としては、

①　サーバー上で公衆の閲覧に供することができる状態で保存すること

②　公衆の閲覧に供することを前提とせずにサーバー上のハードディスクで保存すること

③　記録媒体に記録してこれを保存すること

④　記録を用紙に印刷してその用紙を保存すること

などが考えられます。この記録は、１年間保存するよう努めなければなりません（法第21条の４、施行規則第19条の３）。

取引の記録義務の免除

①　対価の総額が１万円未満である取引をする場合。ただし、

イ　自動二輪車及び原動機付自転車（これらの部分品（ねじ、ボルト、ナット、コードその他の汎用性の部分品を除く。）を含む。）

ロ　専ら家庭用コンピュータゲームに用いられるプログラムを記録した物

ハ　光学的方法により音又は影像を記録した物

ニ　書籍

を取引する場合を除く。

②　自己が売却した物品を当該売却の相手方から買い受ける場合

には、買取り、売却とも取引の記録義務が免除されています（法第16条ただし書及び第15条第２項、施行規則第16条）。

また、

イ　美術品類

ロ　時計・宝飾品類

ハ　自動車（その部分品を含む。）

ニ　自動二輪車及び原動機付自転車（これらの部分品（対価の総額が１万円未満で取引されるものを除く。）を含む。）

以外の古物については、売却の際の取引の記録義務が免除されています（法第16条ただし書、施行規則第18条第１項）。

なお、自動車については、売却の相手方の住所、氏名、職業及び年齢についての記載等は必要ありません（法第16条第４号、施行規則第18条第２項）。

●●●　は行　●●●

配達記録郵便物　引受け及び配達の両方を記録する郵便物、信書便物又は貨物をいいます。いわゆる「特定記録郵便」は引受けの記録はされますが、配達の記録がなされないため、配達記録郵便物の要件を満たさないことから、書留等を利用する必要があります。

標識の掲示等　古物商又は古物市場主は、それぞれ営業所若しくは露店又は古物市場ごとに、公衆の見やすい場所に、「標識」を掲示しなければならないこととされています（法第12条）。この「標識」は、許可を受けた業者であるかどうかを公衆に一見して明らかにすることにより、無許可業者の排除を図るためのものです。

標識の様式については、施行規則別記様式第13号及び第14号に定められていますが、この様式のほか、古物商又は古物市場主によって組織された団体で一定の要件を満たすものがその構成員に共通して利用させるものとして定めた様式で国家公安委員会又は公安委員会の承認を受けたものも用いることができます（施行規則第

12条第1項、行商従業者証等の様式の承認に関する規程）。

また、古物商は、ホームページを利用して古物の取引をしようとするときは、その取り扱う古物に関する事項と共に、その氏名又は名称、許可をした公安委員会の名称及び許可証の番号をそのホームページに表示しなければならないこととされています（法第12条第2項）。これは、インターネット上の無許可営業の淘汰・排除を図るため、古物商の営業所等に標識の掲示が義務付けられているのと同様に、そのホームページ上に許可業者である旨の表示を義務付けられたものです。

変更の届出と許可証の書換え

古物商又は古物市場主は、

① 主たる営業所又は古物市場の名称及び所在地
② その他の営業所又は古物市場の名称及び所在地
③ 氏名若しくは名称又は住所若しくは居所
④ 法人の代表者の氏名
⑤ 営業所又は古物市場ごとに取り扱おうとする古物の区分
⑥ 管理者の氏名又は住所
⑦ 行商をしようとする者であるかどうかの別（古物商のみ）
⑧ ホームページ利用取引をしようとする者であるかどうかの別（古物商のみ）
⑨ ＵＲＬ（古物商のみ）
⑩ 法人の役員の氏名又は住所

に変更があった場合、①、②については変更前にあらかじめ、その他は変更後に公安委員会に届出書を提出しなければならないこととされています（法第7条第1項、第2項）。

この場合において、その古物商又は古物市場主が主たる営業所又は古物市場以外のその他の営業所又は古物市場を有している場合は、いずれか1つの管轄公安委員会に届出書を提出すれば足りることとされています（法第7条第3項）。

また、変更の届出を行う場合において、当該届出に係る事項が許可証の記載事項に該当するとき（上記②、③、⑦又は代表者が役員の場合、その住所の変更）は、許可証の書換えを受けなければなりません（法第7条第5項）。

報告徴収 警察本部長等は、古物営業法の施行上必要があると認めるときは、古物商、古物市場主又は古物競りあっせん業者に対し、盗品等に関し必要な報告を求めることができることとされています（法第22条第3項、第4項）。

ここにいう「盗品等」に関する事項は、個別の盗品等に関するものに限らず、例えば、盗品等の売買防止等についてとっている措置も含むものと解されています。

補完書類 領収印や発行年月日の記載がある公共料金の領収書や納税証明書等をいい、取引の相手方の確認の資料を補完するものとして使います。領収日や発行年月日は古物を受け取る日から6か月以内のものである必要があります。

●●● ま行 ●●●

身分証明書等 1通しか発行されないもので、住所、氏名、生年月日（又は年齢）を証明するものをいいます。マイナンバーカード、運転免許証、いわゆる保険証が含まれます。

なお、住民票の写し等は、正本が複数枚発行されることから、身分証明書等には該当しません。

名義貸し 古物商又は古物市場主が、自己の名義をもって、他人にその古物営業を営ませる

ことをいい、法第9条において禁止されています。これは、許可の欠格事由に該当するため許可を取得できない者が欠格事由に該当しない他人に許可を取得させてその他人の名義で古物営業を行うといった脱法行為を防止するためです。

●●●　や行　●●●

URL（送信元識別符号）使用権限疎明資料　ホームページを利用して古物商営業を営もうとする者や古物競りあっせん業者は、そのホームページのURL（送信元識別符号）を使用する権限のあることを疎明する資料を許可申請書等に添付しなければならないこととされています（法第5条第1項第6号等）。

　これは、プロバイダやインターネットのモールショップの運営者からそのホームページのURLの割当てを受けた際の通知書の写し等が該当します。これらの資料を紛失、汚損等した場合は、株式会社日本レジストリサービスの「WHOIS」で公開されている情報で所要の疎明ができるとき（その情報中の「ドメイン名」と「組織名」がそれぞれ届出書に記載されているURLのドメインと氏名又は名称と一致しているときに限ります。）ならば、それを印刷した書面を提出することもできます。

第3章

ここが知りたい　Q＆A

Q&A 目次

12　その他

13　改正法関連

1 許可申請

Q1

電気製品店等が無償で古物を引き取り、これを修理等して販売する場合には、古物商営業の許可は必要なのですか。

A 古物の売却のみを行う営業については、許可対象から除外されています（法第2条第2項第1号）。したがって、電気製品店等が無償で物品を引き取り、これを修理等して販売している場合は、古物の「買受け」を行っていないため、古物商営業の許可は不要です。

なお、電気製品店等が幾分でも代価を払い、下取りする場合は有償買受けとなり、古物商営業の許可が必要です。

Q2

古物営業法の規制を受ける金券類とは、どういうものをいうのですか。

A 法第2条第1項では、古物営業法の規制を受ける金券類として、「商品券」、「乗車券」、「郵便切手」のほか「政令で定めるこれらに類する証票その他の物」が定められています。

このうち、「商品券」とは、これと引換えに商品の給付を受けることができるもので、デパートの商品券や図書カードNEXT、ビール券等がこれに含まれます。

また、「乗車券」とは、鉄道やバス等の乗車券をいい、回数乗車券等もこれに含まれます。

「政令で定めるこれらに類する証票その他の物」については、政令第1条に規定されており、ここでは、

① 航空券

② 興行場（映画、演劇、音楽、スポーツ、演芸又は見せ物を、公衆に見せ、又は聞かせる施設をいいます。）又は美術館、遊園地、動物園、博覧会、その他不特定かつ多数の者が入場する施設若しくは場所でこれらに類するもの（水族館、博物館等）の入場券

③ 収入印紙

などが定められています。

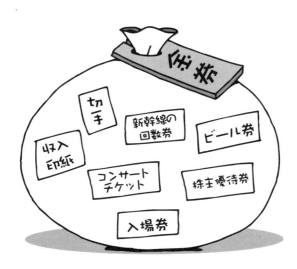

Q3

質屋には、古物商営業の許可が必要ですか。

A 　古物を売却することのみを行う営業は規制の対象から除外されています（法第2条第2項第1号）。したがって、質取りと流質物の売却のみをする営業形態の場合は、許可を必要としません。

　しかし、質屋営業に付随して古物の買取りを行う営業形態の場合には、古物商営業の許可が必要になります。

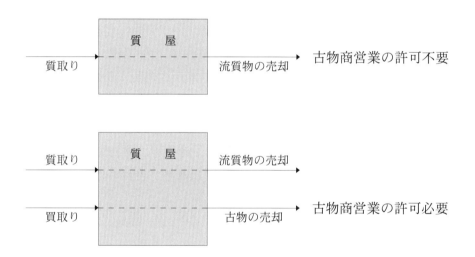

Q4

　古物商が古物市場で古物を買い取り、それを自分の営業所で販売する場合も、「古物の売却のみを行う営業」として古物営業法の規制対象から除外されるのですか。

　　除外されません。古物市場で古物を買い取る場合でも、古物の「買取り」に当たるからです。

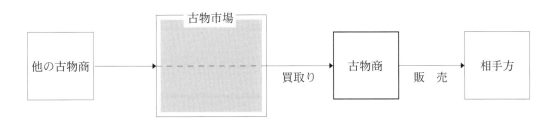

Q5

　下取りについては、自店で販売した商品以外に、他の業者が販売した商品を下取りする場合もあります。この場合にも、古物商営業の許可を受けることが必要なのでしょうか。

A

　必要です。

　許可を要しないのは、自分が販売した商品をその売却した相手の方から購入するという形態の営業のみを行う業者についてです（法第2条第2項第1号）。

　御質問のケースは、他の業者が販売した商品を買い取っているので、許可が必要です。

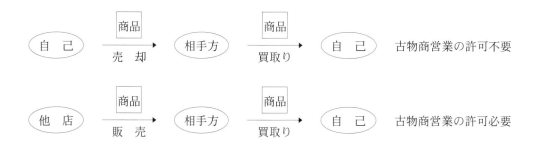

Q6

新品の販売に際し、値引きを行う「サービス」として古物を引き取る場合の取扱いはどうなりますか。

A　新品を販売する業者が、下取りとして古物を引き取る場合には、通常古物の買取りを行うものであるから、これを業として行えば、古物営業法第2条第2項第1号の古物営業に該当します。

しかしながら、新品の販売に伴う古物の引取り行為が、次の要件を全て満たす場合は、当該取引は「「サービス」としての値引き」に該当するため、古物営業には当たりません。

(1)　形式的要件

下取りした古物の対価として金銭等を支払うのではなく、販売する新品の本来の売価から一定金額が差し引かれる形での経理上の処理が行われていること。

(2)　実質的要件

ア　下取りが、顧客に対する「サービス」の一環であるという当事者の意思があること。

イ　下取りする個々の古物の市場価格を考慮しないこと。

※　「サービス」とは、「商売で値引きをしたり、客の便宜を図ったりすること。」をいいます（『広辞苑（第7版)』より）。

Q7

　法第2条第2項第1号では、「自己が売却した物品を当該売却の相手方から買い受けることのみを行う営業」は法の規制対象から除外されていますが、売却の相手方の先に第三者が介在した場合で、それぞれがよく知っている者同士であるようなときはどうなるのですか。

A

　第三者が介在する場合には、「自己が売却した物品を当該売却の相手方から買い受ける」行為とはいえず、古物商営業の許可が必要になります。

　自己が売却した相手方から直接買い戻す場合は、盗品等が混入するおそれが乏しいため法の規制対象から除外されていますが、その間に第三者が介在するような場合には、盗品等が混入するおそれがあるためです。

法第2条第2項第1号に該当する。→古物商営業の許可不要

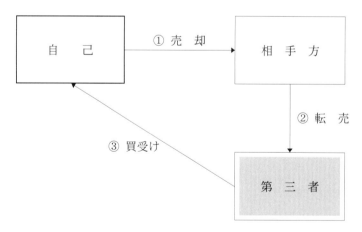

法第2条第2項第1号に該当しない。→古物商営業の許可必要

Q8

「自己が売却した物品」の「自己」とは、同一法人であれば営業所が異なっていてもよいのですか。

A　そのとおりです。同一法人の他の営業所において売却した物品でも、そのことが特定できれば、「自己が売却した物品」となります。

Q9

　　ホームページ利用取引をする場合、ＵＲＬを使用する権限を疎明する資料は、どのようなものを添付すればよいのですか。

A

　　ホームページ利用取引をする場合は、通常、

①　プロバイダやモールショップ（仮想商店街）の運営者からＵＲＬを割り当てられる

又は、

②　独自のＵＲＬを持つ

のいずれかになります。

　①の場合は、プロバイダやモールショップの運営者からそのホームページのＵＲＬの割当てを受けた際の通知書等の写しなどがこれに該当します。

　②の場合で、ＵＲＬを代行会社が取得した場合は、その代行会社の発行した通知書等の写し、それ以外の場合又は通知書等の写しを紛失、汚損等した場合は、株式会社日本レジストリサービスの「ＷＨＯＩＳ」で公開されている情報で所要の疎明ができるとき（情報中の「ドメイン名」と「組織名」がそれぞれ届出書に記載されているＵＲＬのドメインと氏名又は名称と一致しているときに限ります。）ならば、それを印刷した書面を提出することもできます。

Q10

　ＵＲＬ使用権限疎明資料をプロバイダに出してほしいと依頼したところ、郵送はできないがファックスでなら送ることができると言われました。ファックスで受信したものを添付書類として提出することができますか。

A　発行者名、古物商の氏名又は名称及びＵＲＬが記載された紙を原稿としてファクシミリにより送受信した場合については、当該ファクシミリにより送信されたもの(古物商側で受信したものを指します。)が十分に明瞭である限り、その原稿と同様の取扱いがなされるため、疎明資料として提出することができます。

　明瞭に受信するために、いわゆる「高画質モード」で送信するようプロバイダに依頼してください。

Q11

古物商営業の許可申請時には不要で、古物市場営業の許可申請時にのみ必要とされる添付書類にはどのようなものがありますか。

A

古物市場営業の許可申請に際しては、古物商営業の許可申請時に必要なもののほか、古物市場の規約を添付する必要があり、この規約には、当該古物市場の開閉の日時、当該古物市場における取引の要領等を記載しなければなりません（施行規則第1条の3第3項第4号）。また、その提出の際には、当該古物市場に参集する主たる古物商の住所及び氏名を記載した名簿を付す必要があります（施行規則第1条の3第4項）。

Q12

許可申請に申請者の略歴書が必要な理由を教えてください。

A

申請者の略歴書は、過去5年間のものを許可申請書に添付しなければならないこととなっています（施行規則第1条の3第3項）。

その理由は、法第4条の欠格事由に関し、過去5年以内の古物営業の許可の取消し等の経歴の有無を確認するためです。

Q13

欠格事由に該当しない旨の誓約書とは、どのように書けばよいですか。

A

次の様式を参考にしてください。

なお、本書の読者の方は、東京法令出版のウェブサイト（https://www.tokyo-horei.co.jp/policeman/kobutsueigyo-yoshiki/）からもダウンロードできます。

（参考書式）

個人用

誓　約　書

　私は、古物営業法第4条第1号から第9号までに掲げる

1　破産手続開始の決定を受けて復権を得ない者

2　禁錮以上の刑に処せられ、又は第31条に規定する罪若しくは刑法（明治40年法律第45号）第235条、第247条、第254条若しくは第256条第2項に規定する罪を犯して罰金の刑に処せられ、その執行を終わり、又は執行を受けることのなくなつた日から起算して5年を経過しない者

3　集団的に、又は常習的に暴力的不法行為その他の罪に当たる違法な行為で国家公安委員会規則で定めるものを行うおそれがあると認めるに足りる相当な理由がある者

4　暴力団員による不当な行為の防止等に関する法律（平成3年法律第77号）第12条若しくは第12条の6の規定による命令又は同法第12条の4第2項の規定による指示を受けた者であって、当該命令又は指示を受けた日から起算して3年を経過しないもの

5　住居の定まらない者

6　第24条の規定によりその古物営業を取り消され、当該取消しの日から起算して5年を経過しない者（許可を取り消された者が法人である場合においては、当該取消しに係る聴聞の期日及び場所が公示された日前60日以内に当該法人の役員であつた者で当該取消しの日から起算して5年を経過しないものを含む。）

7　第24条の規定による許可の取消しに係る聴聞の期日及び場所が公示された日から当該取消しをする日又は当該取消しをしないことを決定する日までの間に第8条第1項第1号の規定による許可証の返納をした者（その古物営業の廃止について相当な理由がある者を除く。）で、当該返納の日から起算して5年を経過しないもの

8　心身の故障により古物商又は古物市場主の業務を適正に実施することができない者として国家公安委員会規則で定めるもの

9　営業に関し成年者と同一の能力を有しない未成年者。ただし、その者が古物商又は古物市場主の相続人であつて、その法定代理人が前各号及び第11号のいずれにも該当しない場合を除くものとする。

のいずれにも該当しないことを誓約します。

年　　月　　日

○○○公安委員会　様

　　　　　　住　所

　　　　　　氏　名　　　　　　　　　印

備考　8の国家公安委員会規則で定めるものは、「精神機能の障害により古物商又は古物市場主の業務を適正に実施するに当たって必要な認知、判断及び意思疎通を適切に行うことができない者」（施行規則第1条の2）をいいます。

法人の役員用

誓　約　書

　私は、古物営業法第４条第１号から第８号までに掲げる

１　破産手続開始の決定を受けて復権を得ない者

２　禁錮以上の刑に処せられ、又は第３１条に規定する罪若しくは刑法（明治４０年法律
　第４５号）第２３５条、第２４７条、第２５４条若しくは第２５６条第２項に規定する
　罪を犯して罰金の刑に処せられ、その執行を終わり、又は執行を受けることのなくなつ
　た日から起算して５年を経過しない者

３　集団的に、又は常習的に暴力的不法行為その他の罪に当たる違法な行為で国家公安委
　員会規則で定めるものを行うおそれがあると認めるに足りる相当な理由がある者

４　暴力団員による不当な行為の防止等に関する法律（平成３年法律第７７号）第１２条
　若しくは第１２条の６の規定による命令又は同法第１２条の４第２項の規定による指
　示を受けた者であって、当該命令又は指示を受けた日から起算して３年を経過しないも
　の

５　住居の定まらない者

６　第２４条の規定によりその古物営業を取り消され、当該取消しの日から起算して５年
　を経過しない者（許可を取り消された者が法人である場合においては、当該取消しに係
　る聴聞の期日及び場所が公示された日前６０日以内に当該法人の役員であつた者で当
　該取消しの日から起算して５年を経過しないものを含む。）

７　第２４条の規定による許可の取消しに係る聴聞の期日及び場所が公示された日から
　当該取消しをする日又は当該取消しをしないことを決定する日までの間に第８条第１
　項第１号の規定による許可証の返納をした者（その古物営業の廃止について相当な理由
　がある者を除く。）で、当該返納の日から起算して５年を経過しないもの

８　心身の故障により古物商又は古物市場主の業務を適正に実施することができない者
　として国家公安委員会規則で定めるもの

のいずれにも該当しないことを誓約します。

年　　　月　　　日

　○○○公安委員会　様

住　　所

氏　　名　　　　　　　　　印

　備考　８の国家公安委員会規則で定めるものは、「精神機能の障害により古物商又は古物市場主の
　　　業務を適正に実施するに当たって必要な認知、判断及び意思疎通を適切に行うことができない者」
　　　（施行規則第１条の２）をいいます。

営業所等の管理者用

誓　約　書

　私は、古物営業法第１３条第２項に掲げる

1　未成年者

2　破産手続開始の決定を受けて復権を得ない者

3　禁錮以上の刑に処せられ、又は第３１条に規定する罪若しくは刑法（明治４０年法律第４５号）第２３５条、第２４７条、第２５４条若しくは第２５６条第２項に規定する罪を犯して罰金の刑に処せられ、その執行を終わり、又は執行を受けることのなくなつた日から起算して５年を経過しない者

4　集団的に、又は常習的に暴力的不法行為その他の罪に当たる違法な行為で国家公安委員会規則で定めるものを行うおそれがあると認めるに足りる相当な理由がある者

5　暴力団員による不当な行為の防止等に関する法律（平成３年法律第７７号）第１２条若しくは第１２条の６の規定による命令又は同法第１２条の４第２項の規定による指示を受けた者であって、当該命令又は指示を受けた日から起算して３年を経過しないもの

6　住居の定まらない者

7　第２４条の規定によりその古物営業を取り消され、当該取消しの日から起算して５年を経過しない者（許可を取り消された者が法人である場合においては、当該取消しに係る聴聞の期日及び場所が公示された日前６０日以内に当該法人の役員であつた者で当該取消しの日から起算して５年を経過しないものを含む。）

8　第２４条の規定による許可の取消しに係る聴聞の期日及び場所が公示された日から当該取消しをする日又は当該取消しをしないことを決定する日までの間に第８条第１項第１号の規定による許可証の返納をした者（その古物営業の廃止について相当な理由がある者を除く。）で、当該返納の日から起算して５年を経過しないもの

9　心身の故障により管理者の業務を適正に実施することができない者として国家公安委員会規則で定めるもの

のいずれにも該当しないことを誓約します。

年　　　月　　　日

○○○公安委員会 様

住　所

氏　名　　　　　　　　印

備考　9の国家公安委員会規則で定めるものは、「精神機能の障害により管理者の業務を適正に実施するに当たって必要な認知、判断及び意思疎通を適切に行うことができない者」（施行規則第１３条の２）をいいます。

Q14

市町村の長の証明書においては何を証明してもらう必要があるのですか。

　本籍地の市町村（東京23区を含みます。）の長から証明書の発行を受けますが、その証明内容としては、

・従前の例によることとされる準禁治産者でないこと。

・破産手続開始の決定を受けて復権を得ない者でないこと。

が明記されていることが必要です。役所によっては、破産手続開始の決定を受けて復権を得ない者の記載をしない場合もありますので、発行の請求をする際は、古物営業法に基づいて公安委員会へ提出することを申し出て、上記の項目を明記してもらうように依頼してください。

Q15

　古物商が、営業所以外で短期間臨時で販売のみ実施したいときは、許可不要で販売できるのでしょうか。

A　営業所以外で短期間臨時で販売する場合は、行商に該当します。
　古物商を得た人でその許可申請書に行商をしようとする旨の記載（法第5条第1項第5号）をした人は、販売が可能です。
　以上のケースに該当しないときは、法第7条の規定に基づき、行商する旨の変更の届出が必要となります。

2　ホームページ利用取引

Q16

「ホームページ利用取引」とは、どういうものをいうのですか。

A　ホームページ利用取引とは、法第 5 条第 1 項第 6 号において、「取り扱う古物に関する事項（古物に関するデータを指します。）を電気通信回線に接続して行う自動公衆送信（略）により公衆の閲覧に供し（インターネットを利用して公開することを指します。）、その取引（買受け、売却を指します。）の申込みを国家公安委員会規則で定める通信手段（電子メール、電話等相手方と対面せずに使用できる通信手段を指します。）により受ける方法」とされているものをいいます。

したがって、古物に関するデータを掲載していないものや、売買の申込みを電子メール、電話等相手方と対面せずに利用できる通信手段により受けないものなどは、「ホームページ利用取引」には当たらないことになります。

Q17

「ホームページ利用取引」に当たるけれど、ＵＲＬの届出などが必要ない
ホームページがあると聞いたのですが。

A　形式的には「ホームページ利用取引」に該当しても、ＵＲＬが無作為に
割り当てられ、かつ、そのＵＲＬを反復継続して利用することができない
ものは、ＵＲＬの届出などが必要ないこととされています。

　例えば、ターゲティング広告を申し込んだ場合に、それが表示されるサイトのＵ
ＲＬなどがこれに当たります。

Q18

　古物商甲はプロバイダからＵＲＬの割当てを受けてホームページ利用取引をし、古物商乙は、甲のホームページに相乗りする形でホームページ利用取引をすることになりました。このとき、ホームページのＵＲＬなどは甲が届け出ることとなるのですが、乙もＵＲＬなどの届出が必要でしょうか。また、必要ならば、ＵＲＬの使用権限を疎明する資料としてどのようなものを提出すればよいのでしょうか。

A　この場合、乙もホームページ利用取引をしていますので、届出が必要となります。このときのＵＲＬの使用権限を疎明する資料は、甲がプロバイダからそのホームページのＵＲＬの割当てを受けた際の通知書等の写しではなく、例えば、ホームページ利用に関する甲と乙との間の契約書の写しや、甲が発行する証明書（次の書式を参考にしてください。）などを提出することとなります。

（参考書式）

証　明　書

○○県○○市○○○丁目○○番○○号

　古物商乙　　様

　弊社は、令和○○年○月○日から令和○○年○月○日までの間、下記のＵＲＬ

を使用する権限を貴社に付与していることを証明します。

記

　https://www.kobutsu.kou.co.jp/otsu

　令和○○年○月○日

○○県○○市○○町○○番○○号

古物商甲

代表取締役　○○　○○　㊞

Q19

ホームページを開設せず、インターネット・オークションのみを利用して買受けをする場合、どのような手続が必要なのでしょうか。

A ホームページを開設せず、インターネット・オークションのみを利用して買受けをする場合は、ホームページ利用取引には当たりませんので、ホームページ利用取引の届出等は必要ありません（なお、自らインターネット・オークションを開設するときは、別途インターネット・オークション営業の届出をしなければなりません。）。

しかし、メール等でやりとりをし、宅配便で古物の送付を受けるなど、売却の相手方と一度も対面しない方法で買受けを行うならば、非対面取引における相手方の確認措置を行う必要がありますし、一度以上対面することがあるならば、その時点で相手方の確認措置を行う必要があります。

Q20

　ホームページを開設せず、営業所で買い受けた古物をインターネット・オークションのみを利用して売却をする場合、どのような手続が必要なのでしょうか。

A　　ホームページを開設せず、インターネット・オークションのみを利用して古物を売却をする場合は、ホームページ利用取引に該当しないため、ＵＲＬなどの届出は必要ありません。

　しかし、一定の古物については取引記録の作成の義務を履行する必要があります。売却の際に取引記録を作成しなければならない古物については、159ページを参照してください。

　なお、自らインターネット・オークションを開設するときは、別途インターネット・オークション営業の届出をしなければなりません。

Q21

　　会員制のホームページを作成して古物の取引をしようと思います。これ
は、会員以外の「公衆」は閲覧することができませんので、法の規制の対象
にはならないと思うのですが。

　Ａ　　会員制のサイトであっても、「公衆」が会員になりサイトを閲覧するこ
とが可能であるため、「公衆の閲覧に供し」ていることとなります。した
がって、このホームページでQ16の答えのような取引をするならば、法の規制の対
象となります。

Q22

複数のＵＲＬのホームページを利用してホームページ利用取引をしています。この場合、全てのＵＲＬを届け出ないといけないのでしょうか。

A　ホームページ利用取引をする場合に公安委員会にＵＲＬなどの届出が必要なのは、公安委員会が、届け出られた古物商のホームページのＵＲＬなどを公安委員会のホームページに掲載することにより、古物商が自らのホームページに掲載している許可証の番号等の真正性を担保し、インターネット上の無許可営業の淘汰・排除を図るためです。

したがって、複数のＵＲＬのホームページを利用してホームページ利用取引をしている古物商については、その全てのホームページに公安委員会の名称と許可証の番号を掲載しなければなりません。そして、その掲載内容の真正性を担保する必要があるため、全てのＵＲＬについて公安委員会に届出をしなければならないこととなります。

3　許　可　証

Q23

旧姓や通称を許可証に記載してもらうことはできますか。

――――――――――――――――――――――――――――――――――

A　　許可証への旧姓や通称の記載は、本人が希望し、かつ、添付書類である住民票の写しによってそれが確認できる場合には、可能です。この場合には、本名の後ろにカッコ書きで旧姓や通称が記載されます(例：住民票上の氏名が「山田　恵子」で旧名が「佐藤　恵子」の場合には、「山田　恵子（佐藤　恵子）」と記載されます。)。

　一方、芸名や源氏名など、申請者自身が名乗っているにすぎない通称等は、許可証への記載は認められていません。

Q24

　　許可証紛失の際に再交付を求めるには、どのようにすればよいのでしょうか。

A　　法第5条第4項の規定に基づき、亡失した旨を速やかに主たる営業所又は古物市場の所在地を管轄する公安委員会に届け出て、再交付を受けてください。

　具体的には、再交付申請書を経由警察署に提出してください。

法第5条第4項

　許可証の交付を受けた者は、許可証を亡失し、又は許可証が滅失したときは、速やかにその旨を主たる営業所又は古物市場の所在地を管轄する公安委員会に届け出て、許可証の再交付を受けなければならない。

施行規則第4条第1項

　法第5条第4項の規定により許可証の再交付を受けようとする者は、主たる営業所又は古物市場の所在地を管轄する公安委員会に、別記様式第4号の再交付申請書を提出しなければならない。

施行規則第4条第2項

　前項の規定により再交付申請書を提出する場合においては、主たる営業所又は古物市場の所在地の所轄警察署長を経由して、1通の再交付申請書を提出しなければならない。

4 変更の届出等

Q25

　　営業内容を変更する場合には、いつまでに、どこに届出をすればよいので
しょうか。

A　　ポイントとなるのは、変更内容が、
　　　① 営業所の名称又は所在地に関するものか、それ以外か
②　営業所が複数あるかどうか
で大きく分かれてきます。

⑴　営業所に係る変更の場合

　　名称のみを変更するのであれば、変更の３日前までに営業所又は古物市場の
所在地の所轄警察署長を通じて変更届出書を提出します。営業所等が１つの場
合はその所在地（主たる営業所等ということになります。）の所轄警察署に、
２つ以上ある場合はそのいずれかの所在地の所轄警察署に出せばよいことにな
ります。

　　一方、所在地の変更は、原則として名称変更と同様ですが、主たる営業所等
を他の都道府県に移す場合については、変更後の主たる営業所等の所在地を管
轄する公安委員会に対して、変更前の主たる営業所等の所轄警察署を経由して
提出することになります。例えば、主たる営業所等をA県a署管内からB県b
署管内に移すときは、B県公安委員会宛の変更届出書をA県a警察署の生活安
全担当課に提出します。ただし、従たる営業所等がある場合（つまり、２つ以
上営業所等がある場合です。）には、その所在地の所轄警察署に提出しても構
いません。

⑵　それ以外の変更の場合

　　その他の事項を変更する場合には、変更後14日（登記事項証明書を添付する
場合には20日）以内に、営業所又は古物市場の所在地の所轄警察署長を通じて
変更届出書を提出します。営業所等が１つの場合はその所在地（主たる営業所
等ということになります。）の所轄警察署に、２つ以上ある場合はそのいずれ
かの所在地の所轄警察署に出せばよいことになります。

Q26

変更の「3日前」又は変更後の「14日以内」の考え方について教えてください。

A 「3日前」とは、中3日を設けるという趣旨です。例えば、変更日が10月24日であれば、届出は10月20日までにしなければなりません。

また、3日前の日が土・日・祝日である場合には、その直前の開庁日となります。

「14日以内」とは、翌日から起算して14日目に当たる日まで（14日目を含む。）という趣旨です。例えば、10日に管理者を変更した場合には、届出は翌11日から起算して14日目に当たる24日まで（24日を含みます。）にしなければなりません。

新たに営業所を設ける際の手続にはどのようなものがありますか。

　古物営業を営んでいる方が新たに営業所を設ける場合は、変更の届出をすることで足りるとされています（法第7条第1項）。

Q28

当社では、各地に店舗展開しているため、人事異動で管理者（支店長）の異動が度々あるのですが、その届出方法はどうなっているのでしょうか。

A　社内の人事異動で、A店の店長がB店の店長に異動する場合など、現に古物商の管理者である者を、新たに当該古物商の他の営業所の管理者とする場合には、添付書類は免除されますので、変更届出書だけを提出すればよいこととなります（施行規則第5条第8項第1号）。

また、複数の営業所の管理者を交代する場合でも、変更届出書はいずれか1つの営業所の所轄警察署に届け出ればよいこととされています（施行規則第5条第6項）。

Q29

営業所に係る変更とそれ以外の事項の変更がある場合に、どちらか片方を省略することはできますか。

A 営業所に係る事前の届出とそれ以外の事項に係る事後の届出は、どちらも省略することはできず、それぞれ決められた期限内に行わなくてはなりません。

（例1） 自宅を営業所として個人許可を受けている古物商が転居する場合

→ 転居前に営業所（兼自宅）の所在地の変更の届出を、転居後に代表者の住所（兼営業所）の変更の届出をします。

（例2） 営業所を新設し、管理者を選任する場合

→ 営業所新設前に、営業所を新設する旨の変更の届出を、新設後に管理者の選任の届出をします。

Q30

　A古物商がB古物商を吸収合併しました。合併に際してA古物商は、B古物商が有する営業所とその管理者を引き継いだ場合に、引き継いだ営業所とその管理者について変更の届出をする必要はありますか。

A　　A古物商は、B古物商から引き継いだ営業所について、営業所の新設に係る変更の届出、管理者の選任に係る変更の届出をそれぞれすることとなります。

　なお、B古物商の管理者をA古物商の管理者として選任しているため、施行規則第5条第8項の規定は適用されず、添付書類を省略することはできません。

5　競り売り

Q31

　オークションの開催日は、あらかじめ計画されていることもあり、手続の簡素化の一環として、その都度の届出でなく、ある程度の期間のオークションについて一括して届け出る等の方法はとれないでしょうか。

A　確実な予定である限り、一括して管轄警察署に対してまとめて届け出ることは可能です。

　ただし、届け出た後、予定が変更となった場合は、速やかに管轄警察署にその旨を届け出てください。

Q32

リサイクル自転車を競り売りする場合も届出が必要なのでしょうか。

A 法第2条第2項第1号では、「古物営業」について、
「古物を売買し、若しくは交換し、又は委託を受けて売買し、若しくは交換する営業であつて、古物を売却すること又は自己が売却した物品を当該売却の相手方から買い受けることのみを行うもの以外のもの」
と定義しており、古物の買取りは行わず古物の売却だけを行う営業については古物商営業から除外されています。

お尋ねの場合、リサイクル自転車を買い受けることなく、専ら売却のみを行うときは、古物商営業の許可は要せず、したがって、競り売りの届出も要しないこととなります。

しかしながら、リサイクル自転車の買取りを行う場合には、古物商営業に当たることから許可が必要となり、買い取った自転車を競り売りする場合は、法第10条に基づき、公安委員会への届出が必要となります。

Q33

古物商同士が集まって行う交換会等は、届出が必要でしょうか。

A マージンを取って古物市場を経営しているのでない限り、主催者である古物商組合等は許可も届出も不要です。ただし、競り売りという形態をとる場合は、競り売りをする古物商による競り売りの届出が必要です。

　また、主催者がマージンを取っているのであれば、主催者は古物市場営業の許可が必要です。

6　行　　　商

Q34

　新車の下取りをする場合でも、従業員（特に営業マン）に行商従業者証が必要となるのでしょうか。

　また、中古車オークションに出品する際には、行商従業者証は必要なのでしょうか。

A　営業所内での下取りのみしか行わず、かつ営業所外での古物の売却を行わない従業員には、行商従業者証は必要ではありません。しかし、相手方の住居で下取りをする従業員には、行商従業者証が必要となります。

　また、中古車オークションに出品する場合には、営業所以外の場所における営業であり、行商に該当しますので、行商従業者証が必要となります。

Q35

古物商が自ら行商をする場合は、許可証ではなくそのコピーを携帯しては
いけませんか。

 　　取引の相手方に提示する場合の信用性に問題があるため、コピーではな
く、許可証そのものを携帯する必要があります。

36

行商従業者証の様式について教えてください。

A 　行商従業者証の様式については、施行規則第10条に規定されており、同規則別記様式第12号の様式にかなうものであれば、古物商自ら作成してもよいし、他から入手しても構いません。

なお、所定の様式のほか、古物商の団体がその構成員に共通して利用させるものとして定めた様式で国家公安委員会又は公安委員会の承認を得たものも使用できます（施行規則第12条）。

施行規則別記様式第12号

備考
1　材質は、プラスチック又はこれと同程度以上の耐久性を有するものとすること。
2　図示の長さの単位は、センチメートルとする。
3　「氏名」及び「生年月日」欄には、行商をする代理人等の氏名及び生年月日を記載すること。
4　「写真」欄には、行商をする代理人等の写真（縦2.5センチメートル以上、横2.0センチメートル以上のもの）をはり付けること。

様式承認例

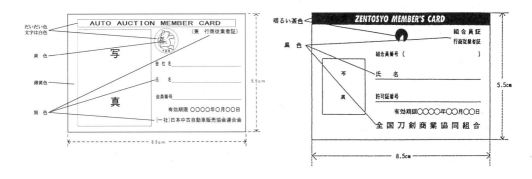

Q37

　相手方の住所で古物を買い受ける場合に、特定商取引法が適用される場合があると聞きました。具体的にはどのようなことに気を付ければよいのでしょうか。

A

　平成25年2月21日に改正特定商取引法が施行されました。主な内容は、

① 　不招請勧誘の禁止

② 　勧誘目的の明示

③ 　再勧誘の禁止

④ 　書面交付義務

⑤ 　引渡しの拒絶

⑥ 　クーリングオフ

⑦ 　クーリングオフ期間内に古物を第三者に引き渡す場合の通知

です。

① 　アポなしの飛び込み勧誘が禁止されました。また、査定をしてほしいという依頼に基づいて訪問した場合は、「査定」以上の勧誘を行うことも禁止されました。

② 　勧誘を行う前に、事業者名、勧誘する目的であること、勧誘に係る物品の種類を明示しなければなりません。

③ 　消費者から勧誘の要請を受けて訪問しても、勧誘に先立って、消費者に勧誘を受ける意思があるかを確認しなければなりません。また、一度取引を断った消費者への再勧誘は禁止されています。

④ 　物品の種類や特徴、購入価格、引渡しの拒絶やクーリング・オフに関する事項などが記載された書面を交付しなければなりません。

⑤ 　消費者はクーリング・オフ期間中（④の書面交付から8日以内）物品の引渡しを拒むことができます。また、迷惑をかけるような方法等で同期間内に引渡しをさせること等は禁止されます。

⑥ 　④の書面交付から8日以内であれば、売主たる消費者は無条件で契約の申込み撤回や契約の解除が可能です。

⑦　クーリング・オフ期間中に第三者に物品を引き渡す場合、第三者にクーリング・オフの対象物品であることなどを書面で通知しなくてはなりません。また、元々の売主である消費者に、第三者への引渡しに関する事項を通知しなくてはなりません。

Q 38

　　相手方の住所における古物の買受けに関して、特定商取引法が適用されない古物はなんですか。

　　Q37のような義務が適用されないのは、次のような古物を買い受けようとする場合です。

①　自動車（2輪車を除きます。）

②　家具

③　家電（持ち運びが容易なものを除きます。）

④　本、CDやDVD、ゲームソフト類

⑤　有価証券

7　標識の掲示等

Q39

営業所を複数有する場合でも許可証が1通となっていますが、各営業所において許可業者であることを表示する方法はないのですか。

A 　許可を受けているものであるかどうかを容易に識別することができるよう各営業所には、「標識」を掲示することが義務付けられています（法第12条第1項）。その様式については、施行規則第11条に定められており、様式に沿ったものであれば、古物商又は古物市場主が自ら作成したものでも、他から入手したものでもよいことになっています。

なお、所定の様式のほか、古物商の団体がその構成員に共通して利用させるものとして定めた様式で国家公安委員会又は公安委員会の承認を得たものも使用できます（施行規則第12条）。

法第12条第1項（標識の掲示等）

古物商又は古物市場主は、それぞれ営業所若しくは仮設店舗又は古物市場ごとに、公衆の見やすい場所に、国家公安委員会規則で定める様式の標識を掲示しなければならない。

施行規則第11条（標識の様式）

法第12条の国家公安委員会規則で定める様式は、別記様式第13号若しくは別記様式第14号又は次条第1項の規定による承認を受けた様式とする。

施行規則第12条第1項（行商従業者証等の様式の特例）

国家公安委員会又は公安委員会は、国家公安委員会が定める団体が当該団体の社員、組合員その他の構成員である古物商又は古物市場主に共通して利用させるものとして定めた様式を、国家公安委員会が定めるところにより、法第11条第2項の行商従業者証又は法第12条の標識の様式として承認することができる。

標識の様式、掲示方法について教えてください。

A 標識の様式については、施行規則別記様式第13号又は第14号に規定する所定の様式のほか、古物商又は古物市場主の団体が構成員に共通して利用させるものとして定めた様式で、国家公安委員会又は公安委員会の承認を得たものも用いることができます（施行規則第11条、第12条）。

なお、標識は、営業所又は古物市場ごとに、公衆の見やすい場所に掲示する必要があります（法第12条第1項）。

施行規則別記様式第13号

備考
1　この様式は、古物商がその営業所又は仮設店舗に掲示する標識の様式とする。
2　材質は、金属、プラスチック又はこれらと同程度以上の耐久性を有するものとする。
3　色は、紺色地に白文字とする。
4　番号は、許可証の番号とする。
5　図示の長さの単位は、センチメートルとする。
6　「○○○商」の「○○○」の部分には、当該営業所又は仮設店舗において取り扱う古物に係る第2条各号に定める区分（二以上の区分に係る古物を取り扱う場合は、主として取り扱う古物に係る区分）を記載すること。ただし、同条第1号の美術品類については「美術品」、同条第3号の時計・宝飾品類については「時計・宝飾品」、同条第5号の自動二輪車及び原動機付自転車については「オートバイ」、同条第6号の自転車類については「自転車」、同条第7号の写真機類については「写真機」、同条第8号の事務機器類については「事務機器」、同条第9号の機械工具類については「機械工具」、同条第10号の道具類については「道具」、同条第11号の皮革・ゴム製品類については「皮革・ゴム製品」、同条第13号の金券類については「チケット」と記載するものとする。
7　下欄には、古物商の氏名又は名称を記載するものとする。

様式承認例

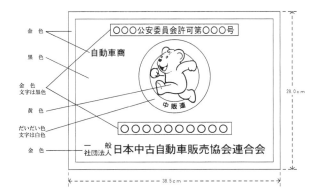

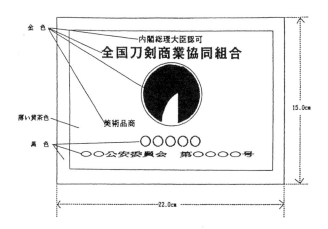

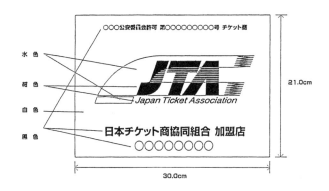

Q41

「公衆の見やすい場所」とは、どのようなところでしょうか。

A　標識の掲示は、取引をしようとしている人に対して、その古物商がきちんと公安委員会の許可を受けた事業者であることを示し、これがない者との取引を控えることにより、無許可営業を排除するために設けられた規定です。

このため、掲示場所は「見やすい場所」と特に定められています。この趣旨からいえば、バックルームなど客が通常立ち入らない場所に掲示している場合や、標識の前に商品等が置かれていて、容易に見ることができない場合などは、「見やすい場所」に掲示しているとはいえないでしょう。

Q42

ホームページ利用取引をする場合（法第12条第2項の）「氏名又は名称」、「許可をした公安委員会の名称」及び「許可証の番号」は、どこに表示しなければならないのですか。

A これらは、「取り扱う古物に関する事項と共に」表示しなければなりませんので、取り扱う古物を掲載している個々のページに表示するのが原則です。

しかし、古物を取り扱うサイトのトップページに表示すること、トップページ以外のページに表示し、当該ページへのリンク（古物営業法の規定に基づく表示を行っているページへのリンクであることが分かるものに限られます。）をトップページに設定することも認められます。

したがって、例えば、トップページ以外のページにこれらを表示していても、「古物営業法の規定に基づく表示はこちら」などのリンクがトップページに設定されていない場合は、この表示義務を満たしているとは認められません。

Q43

　私は個人名で古物商営業の許可を受けてホームページ利用取引をしているのですが、営業所では屋号を使っています。ホームページに掲載する「氏名又は名称」は、許可証に記載されている「氏名又は名称」ではなく屋号を使うことはできますか。

A

　できません。これは、古物商のホームページの真正性を担保するために公安委員会のホームページで公開される当該古物商の「氏名又は名称」は、その許可証に記載されているものと一致させる必要があるからです。

　もし許可証に記載されている氏名又は名称ではない屋号を自己のホームページに掲載した場合には、無許可業者が許可を受けた業者になりすましていると利用者が誤解する可能性があります。

Q 44

　許可証に旧姓や通称を記載してもらっていますが、ホームページで取引を行う際に、氏名の代わりに旧姓又は通称を掲載することはできますか。

A　できません。これは、公安委員会のホームページで公開される「氏名又は名称」は、旧姓や通称ではなく、「氏名」に限られているからです。

　公安委員会の掲載内容と一致しない旧姓又は通称を掲載した場合には、無許可業者が許可業者になりすまして営業していると利用者が誤解する可能性があります。

8 管 理 者

Q45

古物商又は古物市場主が管理者に得させるよう努めなければならない「不正品であるかどうかを判断するための知識、技術又は経験」とは、どのようなものですか。

A　法第13条第3項においては、古物商又は古物市場主は、管理者に、取り扱う古物が不正品であるかどうかを判断するために必要なものとして、国家公安委員会規則で定める知識、技術又は経験を得させるよう努めなければならないこととされています。その内容については、施行規則第14条において次のように定められています。

┌─**施行規則第14条**──────────────────────

　法第13条第3項の国家公安委員会規則で定める知識、技術又は経験は、自動車、自動二輪車又は原動機付自転車を取り扱う営業所又は古物市場の管理者については、不正品の疑いがある自動車、自動二輪車又は原動機付自転車の車体、車台番号打刻部分等における改造等の有無並びに改造等がある場合にはその態様及び程度を判定するために必要とされる知識、技術又は経験であって、当該知識、技術又は経験を必要とする古物営業の業務に3年以上従事した者が通常有し、一般社団法人又は一般財団法人その他の団体が行う講習の受講その他の方法により得ることができるものとする。

└───────────────────────────────

　管理者にこのような知識、技術又は経験を得させるためには、民間団体等が行う講習等を受講させたり、このような知識、技術又は経験を必要とする中古自動車又は中古二輪車の取引を一定年数以上経験させることが必要となります。

Q46

　　小規模店では、従業者は家族か営業者のみの形態がほとんどですが、営業者自らが管理する場合でも管理者を選任しなければならないのですか。また、このような場合、どのような人を管理者に選任しなければならないのですか。

A

　　営業者自らが管理する場合でも、管理者を選任しなければなりません。
　　この場合、営業者（古物商又は古物市場主）本人が管理者になることもできます。いずれにしろ、古物営業法の目的を実現するため従業者を実質的に指導監督できる立場にある人でなければなりません。

Q 47

　現在既に管理者として選任している者が法第13条第2項の欠格事由に該当することとなった場合は、どうすればよいのですか。

　欠格事由に該当しない者を新たに管理者として選任する必要があります。管理者の欠格事由は、次のとおりです。

┌─**法第13条第2項（管理者）**─────────────────────
│ 次の各号のいずれかに該当する者は、管理者となることができない。
│ ⑴　未成年者
│ ⑵　第4条第1号から第7号までのいずれかに該当する者
│ ⑶　心身の故障により管理者の業務を適正に実施することができない者として
│ 　国家公安委員会規則で定めるもの
└──────────────────────────────────────

　上記第2号の下線部の「第4条第1号から第7号まで」とは、具体的には、
○　破産手続開始の決定を受けて復権を得ない者
○　（罪種を問わず）禁錮刑や懲役刑に処せられ、又は無許可古物営業や名義貸しのほか窃盗、背任、遺失物横領、盗品譲受け等で罰金刑に処せられ、その執行を終わり、又はその執行を受けなくなってから5年を経過しない者
○　暴力団員
○　暴力団員でなくなってから5年を経過しない者
○　暴力団以外の犯罪組織の構成員で、強いぐ犯性が認められる者
○　暴力団対策法第12条、第12条の4第2項及び第12条の6の命令又は指示を受けた者であって、受けてから3年を経過しない者
○　住居の定まらない者
○　法第24条の規定により古物営業の許可を取り消された者等
です。

Q 48

管理者を解任した場合、管理者不在の期間はどれくらい猶予されるのでしょうか。

A　直ちに選任しなければなりません。この場合、法第7条第2項及び施行規則第5条第6項の規定に基づき、14日以内（登記事項証明書を添付する場合には20日以内。）に届け出なければならないこととされています。

9　営業の制限

Q49

　独身のお客様から、平日は仕事で忙しく、ほとんど家にいないので、昼間に勤務先に古物を取りに来てほしいと頼まれました。職業の確認にもなると思うのですが大丈夫ですか。

A　古物の受取りを行う3日前までに、仮設店舗における営業を相手方の勤務先で行う旨の届出を行い、かつ、仮設店舗を相手の勤務先で設けることで古物を受け取ることができます。なお、相手方の勤務先に限らず、仮設店舗の設置場所には場所の制限がないため、図書館や公共施設でも行うことができます。

　なお、路上で仮設店舗の営業を行うためには、道路交通法に基づく道路使用の許可が必要となりますので注意しましょう。

Q 50

　仮設店舗における営業の届出期日である「3日前」とは、単純に営業日から3を引いた日と考えてよいですか。

A　競り売りの届出と同様に、中3日を設けるという趣旨です。例えば、営業日が10月24日であれば、届出は10月20日までにしなければなりません。また、3日前の日が土・日・祝日である場合には、その直前の開庁日となります。

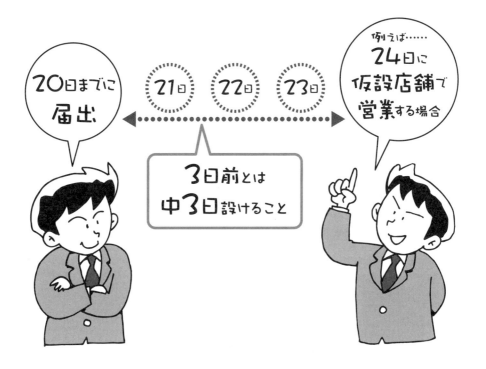

10　身分確認と申告

Q51

　一定の金額未満の取引の場合は、相手方の確認等の義務や取引の記録義務が免除されるといいますが、その金額とはいくらですか。
　また、その金額は何をもってはかればよいのでしょうか。

A　法第15条第2項及び施行規則第16条第1項の規定により、一定の金額未満の取引とは、対価の総額が1万円未満の取引のこととされています。
　また、ここでいう1万円とは、古物商が行ったその現実の取引の対価の総額が1万円だという意味です。

１万円未満の場合は

Q52

　1万円未満のものを売却した場合には、全て相手方の確認等の義務や取引の記録義務が免除されるのですか。

A　対価の総額が1万円未満の取引の場合は、原則として確認義務や取引の記録義務が免除されますが、1万円未満の取引の場合であっても、いわゆるゲームソフトや自動二輪車及び原動機付自転車（これらオートバイの部分品を含みます。）、書籍、ＣＤ・ＤＶＤ等の場合については、確認義務及び取引の記録義務が課せられることになります（159ページ参照）。

【確認義務の範囲】

　⑴　売却の場合……確認義務なし。

　⑵　買受けの場合

対価の総額が1万円以上の場合	全ての古物について確認義務がある。
対価の総額が1万円未満の場合	いわゆるゲームソフト、自動二輪車及び原動機付自転車（ねじ、ナット等以外の部分品を含む。）、書籍、ＣＤ・ＤＶＤ等の場合には確認義務がある。

【取引の記録義務の範囲】

　⑴　売却の場合

対価の総額が1万円以上の場合	美術品類、時計・宝飾品類、自動車並びに自動二輪車及び原動機付自転車（これらの部分品を含む。）の場合のみ取引の記録義務がある。　ただし、自動車の売却の際には、相手方の住所、氏名、職業及び年齢の記載又は記録は不要である。
対価の総額が1万円未満の場合	自動二輪車及び原動機付自転車（部分品を除く。）の場合のみ取引の記録義務がある。

※上記以外については、売却の際の取引の記録義務はない。

　⑵　買取りの場合

対価の総額が1万円以上の場合	全ての古物について取引の記録義務がある。
対価の総額が1万円未満の場合	いわゆるゲームソフト、自動二輪車及び原動機付自転車（ねじ、ナット等以外の部分品を含む。）、書籍、ＣＤ・ＤＶＤ等の場合には取引の記録義務がある。

Q53

当社では、10円から100円の古書籍の買入れしかやっていないのですが、古物営業法の規制がかかってしまうのでしょうか。

A この場合も、古物の買取りに当たるため、古物商営業の許可が必要です。また、書籍については、取引価格の多少にかかわらず、相手方の確認等の義務や取引の記録義務があります。ただし、取引の記録については、同一人から同時に受け取ったものをまとめて記載することで構いません。

なお、書籍を売却する場合については、金額の多少を問わず、取引の記録は必要ありません。

Q54

取引伝票等に自筆で署名してもらえば、確認をしたことになりますか。

A　相手方から受領する署名文書は、相手方の住所、氏名、職業及び年齢が記載され、かつその相手方の署名のあるものであれば、取引伝票等に署名してもらったものでも構いません。

なお、相手方の署名は、その古物商（又は管理者その他の代理人等）の**面前**で、万年筆、ボールペン等により明瞭になされたものでなければなりません。

また、この場合において、その文書に記載された住所、氏名、職業又は年齢が真正なものでない疑いがあるときは、身分証明書等によってこれを確認するようにしなければなりません（施行規則第15条第2項）。

ココに署名を…

面前で

Q55

　　非対面取引における相手方の確認措置で、運転免許証や保険証などのコピー、本人自筆の買取り申込書を古物と一緒に送ってもらい、本人名義の口座に振り込む方法をとろうと思います。これでよいでしょうか。

　　運転免許証等のコピーの送付を受ける方法は、施行規則第15条第3項第6号に規定されています。

┌─施行規則第15条第3項第7号─────────────────────

　相手方からその住所、氏名、職業及び年齢の申出を受けるとともにその身分証明書等の写し（明瞭に表示されたものに限る。）の送付を受け、当該身分証明書等の写しに記載されたその者の住所に宛てて配達記録郵便物等で転送をしない取扱いをされるものを送付し、かつ、その到達を確かめ、並びに当該身分証明書等の写しに記載されたその者の氏名を名義人の氏名とする預貯金口座への振込み又は振替の方法により当該古物の代金を支払うことを約すること（当該古物に係る法第16条の帳簿等又は電磁的方法による記録とともに当該身分証明書等の写しを保存する場合に限る。）。

└──────────────────────────────────────

　この方法では、
　①　身分証明書等のコピーの送付を受ける
　②　配達記録郵便物等を送付し、その到達を確かめる
　③　本人名義の口座に代金を振り込む
の3つ全てを行わなくてはなりません。これは、①のコピーが、精巧なものを特段の技術なく作成することが容易であることから、②で住所について、③で氏名について疎明する必要があるからです。

　御質問の方法は、①と③は満たしていますが、②で必要な「住所」の疎明がされていませんので、法令を満たさない違法な買取り方法となります。

　また、本人自筆の買取り申込書についてですが、同条第2項において、古物商等の面前において作成されなければならないと規定されています。したがって、これは非対面取引における確認措置を満たすものとはいえません（これは、面前で作成されたものでなければ、売却の相手方本人が作成したかどうか分からず、真正性が確認できないからです。）。

　同様に、配達記録郵便物等の代わりとして通常の電子メールを送るなどの措置も、本件確認措置を満たさないこととなります。

Q56

本人の署名は、なぜ「面前で」しなければならないのでしょうか。

　　署名は、その署名をした人を特定する重要な措置です。そのため、面前の相手方がその署名をしたことを確認することに意味があります。

　面前でなされた署名でなければ、誰の署名か全く分からず、署名した人が特定できないからです。

　その意味で、あらかじめ署名がされている文書を受け取っても、確認したことにならないのです。

Q57

「本人限定受取郵便物」と「配達記録郵便物」の違いは何ですか。

A 本人限定受取郵便物とは、郵便物に記載された名宛て人1人に限り、身分証明書を提示することにより郵便物を受け取ることができるものです。これにより、相手方が名宛て人本人であることが疎明できることとなります。

配達記録郵便物とは、受取人に配達するときにその配達の証に受取人の受領の証印を受ける等の取扱いをすることとされているものであり、現在では書留などがこれに該当します。これを転送をしない取扱いにすることにより、郵便物が宛所に所在する者に交付されたこと（宛所のポストから抜き取られたりしていないこと）が疎明できます。

また、これらと全く同じ扱いをされるものであれば、宅配便等であっても構いません。

Q58

　非対面取引における相手方の確認において「到達を確かめる」方法として
は、どのようなものがあるのですか。

 　「到達を確かめる」方法には、次のようなものが含まれます。

　　①　送付した本人限定受取郵便物等を古物と同封させて返送させる方
法

②　本人限定受取郵便等により受付票等を送付し、当該受付票等を古物と同封さ
　せて返送させる方法

③　本人限定受取郵便物等に受付番号等を記載して送付し、当該受付番号等を相
　手方から電話、電子メール等により連絡させる方法

④　本人限定受取郵便等で往復葉書を送付し、その返信部を相手方から送付させ
　る方法

⑤　本人限定受取郵便等で梱包材を送付し、その梱包材で梱包して古物を送付さ
　せる方法（古物商が送付した梱包材と相手方から送付を受けた古物の梱包材と
　の同一性が判断できるように、自社専用で第三者が入手できない梱包材を使用
　する、梱包材に個別の番号を付しておくなどの措置が必要です。）

59

　非対面取引における相手方の確認において「転送をしない取扱い」とはどのようなものですか。

A　差出人等が指定した送付先と異なる場所に送付する取扱いをしないことをいいます。

　このような取扱いが求められているのは、差出人等が指定した送付先と異なる場所に送付されれば、配達記録郵便物を送付してその到達を確かめても、その送付先の住所等と相手方が結び付くことにはならないからです。

　したがって、送付先が不在であった場合に郵便物等を隣人に預けたり、宅配ボックスに入れるなどの取扱いは、ここでいう「転送をしない取扱い」には該当せず、相手方の確認措置をとったことにはなりません。

Q60

「住民票の写し」とは、住民票をコピーしたものをいうのですか。

A　そうではありません。

　「住民票」とは、市町村（東京の23特別区を含みます。）に備え付けられているものであり、申請者にはその写しが交付されます。したがって、「住民票の写し」とは、市町村が申請者に交付した「原本」のことをいいます。

　住民票の写しをコピーしたものは、「コピー」や「複写」などの文字が浮かび上がることが多くなっています。このような「住民票の写し」をコピーしたものは、非対面取引における確認措置の書類として用いることができません。

Q61

身分証明書等のコピーは、明瞭に表示されたものでなければならないとされていますが、詳しく説明してください。

A 「写し」については、相手方が変造を行った場合にその痕跡が判別困難にならないようにするため、「明瞭に表示されたもの」に限定されています。

コピーを郵送やFAXで受信したもの、当該写しに係る画像ファイルをインターネット、電子メール経由で受信したものは、「写し」として認められますが、偽造の痕跡を判別できるほどに明瞭に表示されている必要があります。

Q62

　身分証明書等のコピーは、帳簿等とともに保存しなければならないと聞きましたが、帳簿等に貼り付けて残さなければならないのですか。

A　保存方法については、帳簿に貼り付けたりする必要はありませんが、その写しに取引状況や整理番号を添付、付記して帳簿等又は電磁的方法による記録と一体的に保存するなどして、写しがどの取引において送付を受けたものであるかが分かるようにしておかなければなりません。

　また、保存期間については、送付を受けた取引に係る帳簿等又は電磁的方法による記録と同期間保存する必要がありますが、その期間が満了すれば廃棄して差し支えありません。

Q63

　取り扱う古物が不正品の疑いがあると思ったときの警察官への申告は、どのようにすればよいですか。

A　どの警察官に申告すべきかは特に定められていないため、110番通報でも構いませんし、営業所を所管する警察署の生活安全担当課でも構いません。

　しかし、申告は「直ちに」しなければならないこととされています。この「直ちに」とは、最も即時性が求められるものですので、不正品の疑いを持った時には、すぐ申告してください。

11　取引の記録

確認及び取引の記録の義務が課されているものについて、分かりやすくまとめてください。

確認及び取引の記録の義務を整理すると、次の表のとおりとなります。

「確認及び取引の記録義務」一覧

凡例（○：義務あり、×：義務なし）

□　オートバイ

（自動二輪車及び原動機付自転車）

		買取りの際の相手方の確認	記録	
			（買）	（売）
1万円以上	オートバイ	○	○	○
	部　分　品	○	○	○
1万円未満	オートバイ	○	○	○
	部分品（ねじ、ボルト、ナット、コード等を除く。）	○	○	×
	部分品（ねじ、ボルト、ナット、コード等）	×	×	×

□　自動車

		買取りの際の相手方の確認	記録	
			（買）	（売）
1万円以上	自動車（その部分品を含む。）	○	○	○
1万円未満	自動車（その部分品を含む。）	×	×	×

□　美術品類
□　時計・宝飾品類

		買取りの際の相手方の確認	記録	
			（買）	（売）
1万円以上	美術品類、時計・宝飾品類	○	○	○
1万円未満	美術品類、時計・宝飾品類	×	×	×

□　**書籍、ＣＤ・ＤＶＤ、ゲームソフト**

		買取りの際の 相手方の確認	記録	
			（買）	（売）
1万円以上	書籍、ＣＤ・ＤＶＤ、ゲームソフト	○	○	×
1万円未満	書籍、ＣＤ・ＤＶＤ、ゲームソフト	○	○	×

□　**上記以外の古物**

		買取りの際の 相手方の確認	記録	
			（買）	（売）
1万円以上	上記以外の古物	○	○	×
1万円未満	上記以外の古物	×	×	×

Q65

　以前、物品を売却した相手から売った物品を下取りする場合は、帳簿を記載しなくてもよいのですか。

 　そのとおりです（法第15条第2項第2号）。

─**法第16条ただし書**─

　ただし、前条第2項各号に掲げる場合及び当該記載又は記録の必要のないものとして国家公安委員会規則で定める古物を引き渡した場合は、この限りでない。

─**法第15条第2項第2号**─

　前項の規定にかかわらず、次に掲げる場合には、同項に規定する措置をとることを要しない。

⑴　〔略〕

⑵　自己が売却した物品を当該売却の相手方から買い受ける場合

Q66

当社では今後、取引伝票で取引の記録を行おうと思っているのですが、その編綴はどうすればよいのですか。

 施行規則第17条第3項に規定するとおり、取引の順にとじ合わせておく必要があります。

┌─**施行規則第17条第2項、第3項**─────────────────────

2　法第16条の国家公安委員会規則で定める帳簿に準ずる書類は、次の各号のいずれかに該当する書類とする。

⑴　法第16条又は法第17条の規定により記載すべき事項を当該営業所又は古物市場における取引の順に記載することができる様式の書類

⑵　取引伝票その他これに類する書類であって、法第16条又は法第17条の規定により記載すべき事項を取引ごとに記載することができる様式のもの

3　古物商又は古物市場主は、法第16条又は法第17条の規定により前項第2号に掲げる書類に記載をしたときは、当該書類を当該営業所又は古物市場における取引の順にとじ合わせておかなければならない。

取引の順にとじる

Q67

　取引伝票や電磁的方法による記録は、どのような形態で保管しておけばよいのですか。また、保存期間について教えてください。

A　取引伝票は、取引の順にとじ合わせ、最終の記載をした日から３年間営業所又は古物市場に備え付けておかねばなりません（法第18条第１項、施行規則第17条第３項）。

　電磁的方法による記録は、「直ちに書面に表示できるようにして」保存しておかねばならないこととされています（法第18条第１項）。例えば、要求された際に、古物の取引を直ちに印刷できるように記録媒体等を保存するとともに、各営業所又は古物市場に印刷に必要な機器等を備え付けておく必要があります（この場合、データは本社や本部のコンピュータに一括保存してあったとしても義務を履行していることとなります。）。

　また、電磁的方法による記録は、当該記録をした日から３年間保存しなければならないこととされています（法第18条第１項）。

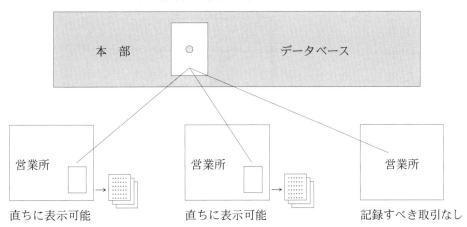

（注）　記録すべき取引がない営業所にあっては、印刷に必要な機器等を備え付ける必要はありません。

Q68

当社ではオンライン管理をしており、各支店の全ての取引について本店に伝票が残るようになっているのですが、支店にも帳簿等を備え付けることが必要でしょうか。

A 帳簿又は帳簿に準ずる書類によって取引の記録を行う場合には、各営業所ごとにこれを備え付ける必要があります。

しかし、本社のコンピュータで一括して取引管理をしている場合は、個々の営業所に印刷に必要な機器等を備え付けておき、要求された際、各営業所で古物の取引記録を直ちに印刷できるようにしておけば、記録義務を果たしていることになります（前問参照）。各営業所で印刷ができないのであれば、各営業所に帳簿又は帳簿に準ずる書類を備え付けておく必要があります。

Q69

古書籍の買受けは、帳簿記載が必要ですか。

A　　取引金額の多少にかかわらず、帳簿への記載が必要です。なお、帳簿に準ずる書類への記載も認められていることから、例えば、古書籍業界において使用されている「買受確認票」や個々の店舗で使用されている明細書であっても、次の①から⑤までを記載しているものであるならば帳簿に準ずる書類として認められます。

①　取引の年月日

②　古物の品目及び数量

③　古物の特徴

④　相手方の住所、氏名、職業及び年齢

⑤　相手方の確認の措置の区分等

帳簿に準ずる書類として認められる例

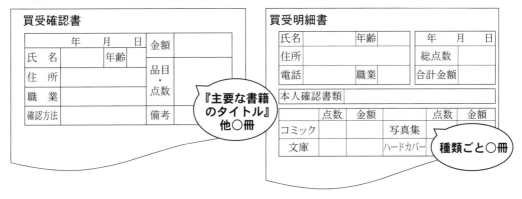

Q70

　当店では宝石を取り扱っています。宝石にはほとんど番号等はないのですが、その特徴について帳簿等に記録する場合には、どのように記載すればよいのですか。

A　シリアルナンバーがある場合には、それを記載し、そうでない場合には、宝石の種類や大きさ、色など、物品を特定するための最大限の記載をしてください。

Q71

　　取引の記録の方法を従来の帳簿方式からコンピュータ入力方式に切り替える場合は、届け出る必要がありますか。

A　　届け出る必要はありません。
　　ただし、従来使用していた帳簿については、最終の記載をした日から3年間保存しておく義務があります。

Q72

　当社では、10か所の営業所で買い入れた物品を1か所のセンターに集め、それを2か所の営業所（展示場）で展示販売していますが、各営業所に帳簿を備え付けなければいけないのでしょうか。それとも、全ての取扱物品の一覧表をセンターに備え付けておけばよいのでしょうか。

A

　買取りについては、各営業所（10か所）ごとに買取帳簿等に記載し、これを備え付けておくことが必要です。

　それらを集約して売却する場合には、その即売会場（2か所）で売却帳簿等に記載し、これを備え付けておけば、他の営業所にはこれを備え付ける必要はありません。

　なお、売却の際の帳簿等への記載義務のない物品のみを取り扱っている営業所には、売却帳簿等を備え付ける必要はありません。

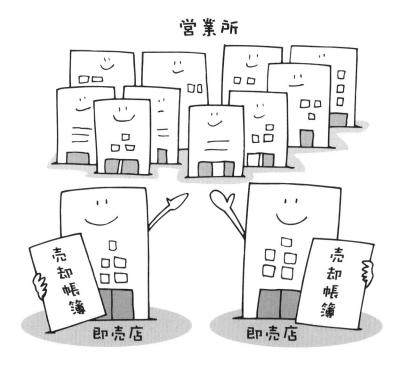

12　そ　の　他

Q73

古物営業に関する手数料はどのようになっていますか。

A 　古物営業に関する手数料については、地方公共団体の手数料の標準に関する政令（平成12年政令第16号）によって、地方公共団体が条例で定める手数料を徴収する事務及び手数料の標準となる額が定められています。その内容については次のとおりです。

- ○　古物営業の許可に対する審査 19,000円
- ○　許可証の再交付 1,300円
- ○　許可証の書換え 1,500円
- ○　古物競りあっせん業に係る業務の実施の方法の認定の申請に対する審査

17,000円

Q74

　故意ではなく、過失により品触れ該当品届出義務違反をした場合はどうなるのでしょうか。

A　法第37条の規定により、過失による法第19条第3項又は第4項違反（届出懈怠）として処罰の対象になります。

　なお、法定刑は、拘留又は科料となっています。

┌─**法第37条**────────────────────────
　過失により第19条第3項又は第4項の規定に違反した者は、拘留又は科料に処する。
└─────────────────────────────────

Q75

私は貴金属を取り扱う古物商です。古物営業法以外にも相手方の確認や取引記録の保存などを義務付ける法律があると聞いたのですが、どういったものでしょうか。

 宝石・貴金属等を取り扱う古物商は、いわゆる犯罪収益移転防止法の貴金属等取引業者に該当するため、200万円を超える現金取引を行う場合に限り、

① 本人確認義務

② 本人確認記録の作成及び7年間保存

③ 取引記録の作成及び7年間保存

④ 疑わしい取引の届出

という義務が、古物営業法の義務に加えて課せられています。

取引の相手方が持ち込んだ宝石・貴金属等が不正品である場合に加え、売却する際の資金が犯罪収益等である疑いがある場合などは「疑わしき取引」として所轄警察署（組織犯罪対策担当課）に届出しなければなりません。本人確認、記録及びその保存、疑わしい取引の届出を懈怠すると犯罪収益移転防止法に基づく行政処分を受けることがあるほか、古物営業法に基づく行政処分を受けることもあり得るので、注意してください。

13　改正法関連

Q 76

　新許可証交付申請時に、旧許可証が見付かりません。どうしたらよいでしょうか。

A　　新許可証交付申請書に添付すべき旧許可証のうち、主たる営業所等の所在地を管轄する公安委員会が交付した旧許可証を亡失・滅失した場合には、旧許可証に係る再交付申請を行い、許可証の再交付を受けた後、新許可証交付申請を行うことになります。

　一方、その他の営業所等の所在地を管轄する公安委員会が交付した旧許可証の場合には、再交付申請を行わず、亡失・滅失に係る顚末書等を添えて新許可証交付申請をしてください。

Q77

　旧許可証に「美術品商許可証」や「美術品古物市場許可証」の記載がある
場合には、同様の記載がある新許可証がもらえるのでしょうか。

A　　「美術品商許可証」等の記載は、「美術品類を取り扱う者の許可証」につ
いてのみすることが認められています（施行規則別記様式第2号及び第3
号備考4欄）。

　このため、いずれの営業所等においても美術品類のみを取り扱う場合に限って、
新許可証として「美術品商許可証」又は「美術品古物市場許可証」との記載がある
許可証の交付を受けることができ、美術品類以外のものを取り扱う営業所が1つで
もある場合には、「古物商許可証」や「古物市場主許可証」との記載がある許可証
が交付されます。

第4章

関 係 法 令 等

- ○ 古物営業法
- ○ 古物営業法施行令
- ○ 古物営業法施行規則
- ○ 行商従業者証等の様式の承認に関する規程
- ○ 電磁的方法による保存等をする場合に確保するよう努めなければ
  ならない基準
- ○ 地方公共団体の手数料の標準に関する政令〔抄〕

○古物営業法 （昭和24年5月28日法律第108号）

最近改正 令和5年6月16日法律第63号

注 令和4年6月17日法律第68号の改正は、令和7年6月1日から施行のため、改正を加えてありません。

古物営業法をここに公布する。

古物営業法

目次

第1章 総則

（目的）

第1条 この法律は、盗品等の売買の防止、速やかな発見等を図るため、古物営業に係る業務について必要な規制等を行い、もつて窃盗その他の犯罪の防止を図り、及びその被害の迅速な回復に資することを目的とする。

（定義）

第2条 この法律において「古物」とは、一度使用された物品（鑑賞的美術品及び商品券、乗車券、郵便切手その他政令で定めるこれらに類する証票その他の物を含み、大型機械類（船舶、航空機、工作機械その他これらに類する物をいう。）で政令で定めるものを除く。以下同じ。）若しくは使用されない物品で使用のために取引されたもの又はこれらの物品に幾分の手入れをしたものをいう。

2 この法律において「古物営業」とは、次に掲げる営業をいう。

⑴ 古物を売買し、若しくは交換し、又は委託を受けて売買し、若しくは交換する営業であつて、古物を売却すること又は自己が売却した物品を当該売却の相手方から買い受けることのみを行うもの以外のもの

⑵ 古物市場（古物商間の古物の売買又は交換のための市場をいう。以下同じ。）を経営する営業

⑶ 古物の売買をしようとする者のあつせんを競りの方法（政令で定める電子情報処理組織を使用する競りの方法その他の政令で定めるものに限る。）により行う営業（前号に掲げるものを除く。以下「古物競りあつせん業」という。）

3 この法律において「古物商」とは、次条の規定による許可を受けて前項第1号に掲げる営業を

営む者をいう。

4　この法律において「古物市場主」とは、次条の規定による許可を受けて第2項第2号に掲げる営業を営む者をいう。

5　この法律において「古物競りあつせん業者」とは、古物競りあつせん業を営む者をいう。

第2章　古物営業の許可等

第1節　古物商及び古物市場主

（許可）

第3条　前条第2項第1号又は第2号に掲げる営業を営もうとする者は、都道府県公安委員会（以下「公安委員会」という。）の許可を受けなければならない。

（許可の基準）

第4条　公安委員会は、前条の規定による許可を受けようとする者が次の各号のいずれかに該当する場合においては、許可をしてはならない。

⑴　破産手続開始の決定を受けて復権を得ない者

⑵　禁錮以上の刑に処せられ、又は第31条に規定する罪若しくは刑法（明治40年法律第45号）第235条、第247条、第254条若しくは第256条第2項に規定する罪を犯して罰金の刑に処せられ、その執行を終わり、又は執行を受けることのなくなつた日から起算して5年を経過しない者

⑶　集団的に、又は常習的に暴力的不法行為その他の罪に当たる違法な行為で国家公安委員会規則で定めるものを行うおそれがあると認めるに足りる相当な理由がある者

⑷　暴力団員による不当な行為の防止等に関する法律（平成3年法律第77号）第12条若しくは第12条の6の規定による命令又は同法第12条の4第2項の規定による指示を受けた者であつて、当該命令又は指示を受けた日から起算して3年を経過しないもの

⑸　住居の定まらない者

⑹　第24条第1項の規定によりその古物営業の許可を取り消され、当該取消しの日から起算して5年を経過しない者（許可を取り消された者が法人である場合においては、当該取消しに係る聴聞の期日及び場所が公示された日前60日以内に当該法人の役員であつた者で当該取消しの日から起算して5年を経過しないものを含む。）

⑺　第24条第1項の規定による許可の取消しに係る聴聞の期日及び場所が公示された日から当該取消しをする日又は当該取消しをしないことを決定する日までの間に第8条第1項第1号の規定による許可証の返納をした者(その古物営業の廃止について相当な理由がある者を除く。)で、当該返納の日から起算して5年を経過しないもの

⑻　心身の故障により古物商又は古物市場主の業務を適正に実施することができない者として国家公安委員会規則で定めるもの

⑼　営業に関し成年者と同一の行為能力を有しない未成年者。ただし、その者が古物商又は古物市場主の相続人であつて、その法定代理人が前各号及び第11号のいずれにも該当しない場合を除くものとする。

⑽　営業所（営業所のない者にあつては、住所又は居所をいう。以下同じ。）又は古物市場ごとに第13条第1項の管理者を選任すると認められないことについて相当な理由がある者

⑾　法人で、その役員のうちに第1号から第8号までのいずれかに該当する者があるもの

（許可の手続及び許可証）

第5条 第3条の規定による許可を受けようとする者は、その主たる営業所又は古物市場の所在地を管轄する公安委員会に、次に掲げる事項を記載した許可申請書を提出しなければならない。この場合において、許可申請書には、国家公安委員会規則で定める書類を添付しなければならない。

 ⑴ 氏名又は名称及び住所又は居所並びに法人にあつては、その代表者の氏名

 ⑵ 主たる営業所又は古物市場その他の営業所又は古物市場の名称及び所在地

 ⑶ 営業所又は古物市場ごとに取り扱おうとする古物に係る国家公安委員会規則で定める区分

 ⑷ 第13条第1項の管理者の氏名及び住所

 ⑸ 第2条第2項第1号に掲げる営業を営もうとする者にあつては、行商（仮設店舗（営業所以外の場所に仮に設けられる店舗であつて、容易に移転することができるものをいう。以下同じ。）を出すことを含む。以下同じ。）をしようとする者であるかどうかの別

 ⑹ 第2条第2項第1号に掲げる営業を営もうとする者にあつては、その営業の方法として、取り扱う古物に関する事項を電気通信回線に接続して行う自動公衆送信（公衆によつて直接受信されることを目的として公衆からの求めに応じ自動的に送信を行うことをいい、放送又は有線放送に該当するものを除く。以下同じ。）により公衆の閲覧に供し、その取引の申込みを国家公安委員会規則で定める通信手段により受ける方法を用いるかどうかの別に応じ、当該古物に関する事項に係る自動公衆送信の送信元を識別するための文字、番号、記号その他の符号又はこれに該当しない旨

 ⑺ 法人にあつては、その役員の氏名及び住所

2 公安委員会は、第3条の規定による許可をしたときは、許可証を交付しなければならない。

3 公安委員会は、第3条の規定による許可をしないときは、理由を付した書面をもつて、申請者にその旨を通知しなければならない。

4 許可証の交付を受けた者は、許可証を亡失し、又は許可証が滅失したときは、速やかにその旨を主たる営業所又は古物市場の所在地を管轄する公安委員会に届け出て、許可証の再交付を受けなければならない。

（許可の取消し）

第6条 公安委員会は、第3条の規定による許可を受けた者について、次に掲げるいずれかの事実が判明したときは、その許可を取り消すことができる。

 ⑴ 偽りその他不正の手段により許可を受けたこと。

 ⑵ 第4条各号（第10号を除く。）に掲げる者のいずれかに該当していること。

 ⑶ 許可を受けてから6月以内に営業を開始せず、又は引き続き6月以上営業を休止し、現に営業を営んでいないこと。

2 公安委員会は、第3条の規定による許可を受けた者の営業所若しくは古物市場の所在地を確知できないとき、又は当該者の所在（法人である場合においては、その役員の所在）を確知できないときは、国家公安委員会規則で定めるところにより、その事実を公告し、その公告の日から30日を経過しても当該者から申出がないときは、その許可を取り消すことができる。

3 前項の規定による処分については、行政手続法（平成5年法律第88号）第3章の規定は、適用しない。

（変更の届出）

第7条　古物商又は古物市場主は、第５条第１項第２号に掲げる事項を変更しようとするときは、あらかじめ、主たる営業所又は古物市場の所在地を管轄する公安委員会（公安委員会の管轄区域を異にして主たる営業所又は古物市場の所在地を変更しようとするときは、その変更後の主たる営業所又は古物市場の所在地を管轄する公安委員会）に、国家公安委員会規則で定める事項を記載した届出書を提出しなければならない。

2　古物商又は古物市場主は、第５条第１項各号（第２号を除く。）に掲げる事項に変更があつたときは、主たる営業所又は古物市場の所在地を管轄する公安委員会に、国家公安委員会規則で定める事項を記載した届出書を提出しなければならない。

3　前２項に規定する公安委員会以外の公安委員会の管轄区域内に営業所又は古物市場を有する古物商又は古物市場主は、前２項の規定による届出書の提出を当該公安委員会を経由して行うことができる。

4　第１項又は第２項の規定により提出する届出書には、国家公安委員会規則で定める書類を添付しなければならない。

5　第１項又は第２項の規定により届出書を提出する場合において、当該届出書に係る事項が許可証の記載事項に該当するときは、その書換えを受けなければならない。

（許可証の返納等）

第8条　許可証の交付を受けた者は、次の各号のいずれかに該当することとなつたときは、遅滞なく、許可証（第３号に掲げる場合にあつては、発見し、又は回復した許可証）をその主たる営業所又は古物市場の所在地を管轄する公安委員会に返納しなければならない。

⑴　その古物営業を廃止したとき。

⑵　第３条の規定による許可が取り消されたとき。

⑶　許可証の再交付を受けた場合において、亡失した許可証を発見し、又は回復したとき。

2　前項第１号の規定による許可証の返納があつたときは、第３条の規定による許可は、その効力を失う。

3　許可証の交付を受けた者が次の各号に掲げる場合のいずれかに該当することとなつたときは、当該各号に定める者は、遅滞なく、許可証をその主たる営業所又は古物市場の所在地を管轄する公安委員会に返納しなければならない。

⑴　死亡した場合　　同居の親族又は法定代理人

⑵　法人が合併により消滅した場合　　合併後存続し、又は合併により設立された法人の代表者

（閲覧等）

第8条の2　公安委員会は、第５条第１項第６号に規定する方法を用いる古物商（第12条第２項及び第３項において「特定古物商」という。）について、次に掲げる事項を電気通信回線に接続して行う自動公衆送信により公衆の閲覧に供するものとする。

⑴　氏名又は名称

⑵　第５条第１項第６号に規定する文字、番号、記号その他の符号

⑶　許可証の番号

2　公安委員会は、前項各号に掲げる事項に変更があつた場合には、遅滞なく、当該事項を補正す

るものとする。

（名義貸しの禁止）

第9条　古物商又は古物市場主は、自己の名義をもつて、他人にその古物営業を営ませてはならない。

（競り売りの届出）

第10条　古物商は、古物市場主の経営する古物市場以外において競り売りをしようとするときは、あらかじめ、その日時及び場所を、その場所を管轄する公安委員会に届け出なければならない。

2　前項に規定する公安委員会の管轄区域内に営業所を有しない古物商は、同項の規定による届出を、その営業所の所在地を管轄する公安委員会を経由して行うことができる。

3　古物商は、売却する古物に関する事項を電気通信回線に接続して行う自動公衆送信により公衆の閲覧に供し、その買受けの申込みを国家公安委員会規則で定める通信手段により受ける方法を用いて第1項の競り売りをしようとする場合には、同項の規定にかかわらず、あらかじめ、当該古物に関する事項に係る自動公衆送信の送信元を識別するための文字、番号、記号その他の符号、競り売りをしようとする期間その他国家公安委員会規則で定める事項を当該古物を取り扱う営業所の所在地を管轄する公安委員会に届け出なければならない。

4　前3項の規定は、古物競りあつせん業者が行うあつせんを受けて取引をしようとする場合には、適用しない。

第2節　古物競りあつせん業者

（届出）

第10条の2　古物競りあつせん業者は、営業開始の日から2週間以内に、営業の本拠となる事務所（当該事務所のない者にあつては、住所又は居所をいう。以下同じ。）の所在地を管轄する公安委員会に、次に掲げる事項を記載した届出書を提出しなければならない。この場合において、届出書には、国家公安委員会規則で定める書類を添付しなければならない。

⑴　氏名又は名称及び住所又は居所並びに法人にあつては、その代表者の氏名

⑵　営業の本拠となる事務所その他の事務所の名称及び所在地

⑶　法人にあつては、その役員の氏名及び住所

⑷　第2条第2項第3号の競りの方法その他業務の実施の方法に関する事項で国家公安委員会規則で定めるもの

2　前項の届出書を提出した者は、古物競りあつせん業を廃止したとき、又は同項各号に掲げる事項に変更があつたときは、公安委員会（公安委員会の管轄区域を異にして営業の本拠となる事務所を変更したときは、変更後の営業の本拠となる事務所の所在地を管轄する公安委員会）に、国家公安委員会規則で定める事項を記載した届出書を提出しなければならない。この場合において、届出書には、国家公安委員会規則で定める書類を添付しなければならない。

第3章　古物商及び古物市場主の遵守事項等

（許可証等の携帯等）

第11条　古物商は、行商をし、又は競り売りをするときは、許可証を携帯していなければならない。

2　古物商は、その代理人、使用人その他の従業者（以下「代理人等」という。）に行商をさせるときは、当該代理人等に、国家公安委員会規則で定める様式の行商従業者証を携帯させなければならない。

3　古物商又はその代理人等は、行商をする場合において、取引の相手方から許可証又は前項の行商従業者証の提示を求められたときは、これを提示しなければならない。

（標識の掲示等）

第12条　古物商又は古物市場主は、それぞれ営業所若しくは仮設店舗又は古物市場ごとに、公衆の見やすい場所に、国家公安委員会規則で定める様式の標識を掲示しなければならない。

2　古物商又は古物市場主は、その事業の規模が著しく小さい場合その他の国家公安委員会規則で定める場合（その者が特定古物商である場合を除く。）を除き、国家公安委員会規則で定めるところにより、その氏名又は名称、許可をした公安委員会の名称及び許可証の番号（次項において「氏名等」という。）を電気通信回線に接続して行う自動公衆送信により公衆の閲覧に供しなければならない。

3　特定古物商は、前項の規定により氏名等を公衆の閲覧に供するときは、氏名等と共に、その取り扱う古物に関する事項を公衆の閲覧に供しなければならない。

（管理者）

第13条　古物商又は古物市場主は、営業所又は古物市場ごとに、当該営業所又は古物市場に係る業務を適正に実施するための責任者として、管理者1人を選任しなければならない。

2　次の各号のいずれかに該当する者は、管理者となることができない。

⑴　未成年者

⑵　第4条第1号から第7号までのいずれかに該当する者

⑶　心身の故障により管理者の業務を適正に実施することができない者として国家公安委員会規則で定めるもの

3　古物商又は古物市場主は、管理者に、取り扱う古物が不正品であるかどうかを判断するために必要なものとして国家公安委員会規則で定める知識、技術又は経験を得させるよう努めなければならない。

4　公安委員会は、管理者がその職務に関し法令の規定に違反した場合において、その情状により管理者として不適当であると認めたときは、古物商又は古物市場主に対し、当該管理者の解任を勧告することができる。

（営業の制限）

第14条　古物商は、その営業所又は取引の相手方の住所若しくは居所以外の場所において、買い受け、若しくは交換するため、又は売却若しくは交換の委託を受けるため、古物商以外の者から古物を受け取つてはならない。ただし、仮設店舗において古物営業を営む場合において、あらかじめ、その日時及び場所を、その場所を管轄する公安委員会に届け出たときは、この限りでない。

2　前項ただし書に規定する公安委員会の管轄区域内に営業所を有しない古物商は、同項ただし書の規定による届出を、その営業所の所在地を管轄する公安委員会を経由して行うことができる。

3　古物市場においては、古物商間でなければ古物を売買し、交換し、又は売却若しくは交換の委託を受けてはならない。

（確認等及び申告）

第15条　古物商は、古物を買い受け、若しくは交換し、又は売却若しくは交換の委託を受けようとするときは、相手方の真偽を確認するため、次の各号のいずれかに掲げる措置をとらなければな

らない。
⑴　相手方の住所、氏名、職業及び年齢を確認すること。
⑵　相手方からその住所、氏名、職業及び年齢が記載された文書（その者の署名のあるものに限る。）の交付を受けること。
⑶　相手方からその住所、氏名、職業及び年齢の電磁的方法（電子的方法、磁気的方法その他の人の知覚によつて認識することができない方法をいう。以下同じ。）による記録であつて、これらの情報についてその者による電子署名（電子署名及び認証業務に関する法律（平成12年法律第102号）第2条第1項に規定する電子署名をいい、当該電子署名について同法第4条第1項又は第15条第1項の認定を受けた者により同法第2条第2項に規定する証明がされるものに限る。）が行われているものの提供を受けること。
⑷　前3号に掲げるもののほか、これらに準ずる措置として国家公安委員会規則で定めるもの
2　前項の規定にかかわらず、次に掲げる場合には、同項に規定する措置をとることを要しない。
⑴　対価の総額が国家公安委員会規則で定める金額未満である取引をする場合（特に前項に規定する措置をとる必要があるものとして国家公安委員会規則で定める古物に係る取引をする場合を除く。）
⑵　自己が売却した物品を当該売却の相手方から買い受ける場合
3　古物商は、古物を買い受け、若しくは交換し、又は売却若しくは交換の委託を受けようとする場合において、当該古物について不正品の疑いがあると認めるときは、直ちに、警察官にその旨を申告しなければならない。

（帳簿等への記載等）
第16条　古物商は、売買若しくは交換のため、又は売買若しくは交換の委託により、古物を受け取り、又は引き渡したときは、その都度、次に掲げる事項を、帳簿若しくは国家公安委員会規則で定めるこれに準ずる書類（以下「帳簿等」という。）に記載をし、又は電磁的方法により記録をしておかなければならない。ただし、前条第2項各号に掲げる場合及び当該記載又は記録の必要のないものとして国家公安委員会規則で定める古物を引き渡した場合は、この限りでない。
⑴　取引の年月日
⑵　古物の品目及び数量
⑶　古物の特徴
⑷　相手方（国家公安委員会規則で定める古物を引き渡した相手方を除く。）の住所、氏名、職業及び年齢
⑸　前条第1項の規定によりとつた措置の区分（同項第1号及び第4号に掲げる措置にあつては、その区分及び方法）
第17条　古物市場主は、その古物市場において売買され、又は交換される古物につき、取引の都度、前条第1号から第3号までに規定する事項並びに取引の当事者の住所及び氏名を帳簿等に記載をし、又は電磁的方法により記録をしておかなければならない。
第18条　古物商又は古物市場主は、前2条の帳簿等を最終の記載をした日から3年間営業所若しくは古物市場に備え付け、又は前2条の電磁的方法による記録を当該記録をした日から3年間営業所若しくは古物市場において直ちに書面に表示することができるようにして保存しておかなけれ

ばならない。

2　古物商又は古物市場主は、前2条の帳簿等又は電磁的方法による記録をき損し、若しくは亡失し、又はこれらが滅失したときは、直ちに営業所又は古物市場の所在地の所轄警察署長に届け出なければならない。

（品触れ）

第19条　警視総監若しくは道府県警察本部長又は警察署長（以下「警察本部長等」という。）は、必要があると認めるときは、古物商又は古物市場主に対して、盗品その他財産に対する罪に当たる行為によつて領得された物（以下「盗品等」という。）の品触れを書面により発することができる。

2　古物商又は古物市場主は、前項の規定により発せられた品触れを受けたときは、当該品触れに係る書面に到達の日付を記載し、その日から6月間これを保存しなければならない。ただし、情報通信技術を活用した行政の推進等に関する法律（平成14年法律第151号）第7条第1項の規定により同法第6条第1項に規定する電子情報処理組織を使用して行われた品触れについては、到達の日付を記載することを要しない。

3　古物商は、品触れを受けた日にその古物を所持していたとき、又は前項の期間内に品触れに相当する古物を受け取つたときは、その旨を直ちに警察官に届け出なければならない。

4　古物市場主は、第2項に規定する期間内に、品触れに相当する古物が取引のため古物市場に出たときは、その旨を直ちに警察官に届け出なければならない。

5　情報通信技術を活用した行政の推進等に関する法律第7条第1項の規定により同法第6条第1項に規定する電子情報処理組織を使用して行われた品触れについては、同法第7条第3項の規定は、適用しない。

（古物営業に関し行つた行為の取消しの制限）

第19条の2　古物商（個人に限り、未成年者を除く。）が古物営業に関し行つた行為は、行為能力の制限によつては取り消すことができない。

（盗品及び遺失物の回復）

第20条　古物商が買い受け、又は交換した古物（指図証券、記名式所持人払証券（民法（明治29年法律第89号）第520条の13に規定する記名式所持人払証券をいう。）及び無記名証券であるものを除く。）のうちに盗品又は遺失物があつた場合においては、その古物商が当該盗品又は遺失物を公の市場において又は同種の物を取り扱う営業者から善意で譲り受けた場合においても、被害者又は遺失主は、古物商に対し、これを無償で回復することを求めることができる。ただし、盗難又は遺失の時から1年を経過した後においては、この限りでない。

（差止め）

第21条　古物商が買い受け、若しくは交換し、又は売却若しくは交換の委託を受けた古物について、盗品等であると疑うに足りる相当な理由がある場合においては、警察本部長等は、当該古物商に対し30日以内の期間を定めて、その古物の保管を命ずることができる。

　　　第3章の2　古物競りあつせん業者の遵守事項等

（相手方の確認）

第21条の2　古物競りあつせん業者は、古物の売却をしようとする者からのあつせんの申込みを受けようとするときは、その相手方の真偽を確認するための措置をとるよう努めなければならない。

（申告）

第21条の3　古物競りあつせん業者は、あつせんの相手方が売却しようとする古物について、盗品等の疑いがあると認めるときは、直ちに、警察官にその旨を申告しなければならない。

（記録）

第21条の4　古物競りあつせん業者は、古物の売買をしようとする者のあつせんを行つたときは、国家公安委員会規則で定めるところにより、書面又は電磁的方法による記録の作成及び保存に努めなければならない。

（認定）

第21条の5　古物競りあつせん業者は、その業務の実施の方法が、国家公安委員会が定める盗品等の売買の防止及び速やかな発見に資する方法の基準に適合することについて、公安委員会の認定を受けることができる。

2　前項の認定を受けた古物競りあつせん業者は、国家公安委員会規則で定めるところにより、同項の認定を受けている旨の表示をすることができる。

3　何人も、前項の場合を除くほか、同項の表示又はこれと紛らわしい表示をしてはならない。

4　前3項に定めるもののほか、申請の手続、認定の取消しその他第1項の認定に関し必要な事項は、国家公安委員会規則で定める。

第21条の6　古物競りあつせん業（日本国内に在る者をあつせんの相手方とするものに限る。）を外国において営む者は、その業務の実施の方法が前条第1項に規定する基準に適合することについて、国家公安委員会規則で定めるところにより、公安委員会の認定を受けることができる。

2　前条第2項の規定は前項の認定を受けた者について、同条第4項の規定は前項の認定について準用する。

（競りの中止）

第21条の7　古物競りあつせん業者のあつせんの相手方が売却しようとする古物について、盗品等であると疑うに足りる相当な理由がある場合においては、警察本部長等は、当該古物競りあつせん業者に対し、当該古物に係る競りを中止することを命ずることができる。

　　　第4章　監督

（立入り及び調査）

第22条　警察職員は、必要があると認めるときは、営業時間中において、古物商の営業所若しくは仮設店舗、古物の保管場所、古物市場又は第10条第1項の競り売り（同条第3項及び第4項に規定する場合を除く。）の場所に立ち入り、古物及び帳簿等（第18条第1項に規定する書面で同項の記録が表示されたものを含む。第35条第3号において同じ。）を検査し、関係者に質問することができる。

2　前項の場合においては、警察職員は、その身分を証明する証票を携帯し、関係者に、これを提示しなければならない。

3　警察本部長等は、必要があると認めるときは、古物商、古物市場主又は古物競りあつせん業者から盗品等に関し、必要な報告を求めることができる。

4　前項の規定は、第21条の6第1項の認定を受けた者について準用する。

（指示）

第23条　古物商若しくは古物市場主又はこれらの代理人等がその古物営業に関しこの法律若しくは
　この法律に基づく命令又は他の法令の規定に違反した場合において、盗品等の売買等の防止又は
　盗品等の速やかな発見が阻害されるおそれがあると認めるときは、当該古物商又は古物市場主の
　主たる営業所又は古物市場の所在地を管轄する公安委員会は、当該古物商又は古物市場主に対し、
　その業務の適正な実施を確保するため必要な措置をとるべきことを指示することができる。

2　公安委員会は、他の公安委員会の管轄区域内に主たる営業所若しくは古物市場を有する古物商
　若しくは古物市場主で当該公安委員会の管轄区域内において古物営業を営むもの又はこれらの代
　理人等が当該公安委員会の管轄区域内におけるその古物営業に関しこの法律若しくはこの法律に
　基づく命令又は他の法令の規定に違反した場合において、盗品等の売買等の防止又は盗品等の速
　やかな発見が阻害されるおそれがあると認めるときは、当該古物商又は古物市場主に対し、その
　業務の適正な実施を確保するため必要な措置をとるべきことを指示することができる。

（営業の停止等）

第24条　古物商若しくは古物市場主若しくはこれらの代理人等がその古物営業に関しこの法律若し
　くはこの法律に基づく命令若しくは他の法令の規定に違反した場合において盗品等の売買等の防
　止若しくは盗品等の速やかな発見が著しく阻害されるおそれがあると認めるとき、又は古物商若
　しくは古物市場主がこの法律に基づく処分（前条の規定による指示を含む。）に違反したときは、
　当該古物商又は古物市場主の主たる営業所又は古物市場の所在地を管轄する公安委員会は、当該
　古物商又は古物市場主に対し、その古物営業の許可を取り消し、又は6月を超えない範囲内で期
　間を定めて、その古物営業の全部若しくは一部の停止を命ずることができる。

2　公安委員会は、他の公安委員会の管轄区域内に主たる営業所若しくは古物市場を有する古物商
　若しくは古物市場主で当該公安委員会の管轄区域内において古物営業を営むもの若しくはこれら
　の代理人等が当該公安委員会の管轄区域内におけるその古物営業に関しこの法律若しくはこの法
　律に基づく命令若しくは他の法令の規定に違反した場合において盗品等の売買等の防止若しくは
　盗品等の速やかな発見が著しく阻害されるおそれがあると認めるとき、又は当該古物商若しくは
　古物市場主が当該古物営業に関しこの法律に基づく処分（前条の規定による指示を含む。）に違
　反したときは、当該古物商又は古物市場主に対し、6月を超えない範囲内で期間を定めて、当該
　古物営業の全部又は一部の停止を命ずることができる。

（聴聞の特例）

第25条　公安委員会は、前条の規定により古物商又は古物市場主の営業の停止を命じようとすると
　きは、行政手続法第13条第1項の規定による意見陳述のための手続の区分にかかわらず、聴聞を
　行わなければならない。

2　前条の規定による処分に係る聴聞を行うに当たつては、その期日の1週間前までに、行政手続
　法第15条第1項の規定による通知をし、かつ、聴聞の期日及び場所を公示しなければならない。

3　前条の規定による処分に係る聴聞の期日における審理は、公開により行わなければならない。

　　　第5章　雑則

（情報の提供）

第26条　公安委員会は、盗品等の売買等の防止に資するため、盗品等に関する情報の提供を求める
　者で国家公安委員会規則で定めるものに対し、当該情報の提供を行うことができる。

（国家公安委員会への報告等）

第27条　公安委員会は、次の各号のいずれかに該当するときは、国家公安委員会規則で定める事項を国家公安委員会に報告しなければならない。この場合において、国家公安委員会は、当該報告に係る事項を各公安委員会に通報するものとする。

⑴　第3条の規定による許可、第5条第4項の規定による許可証の再交付又は第6条第1項若しくは第2項の規定による許可の取消しをした場合

⑵　第7条第1項若しくは第2項の規定による届出書の提出、第8条第1項若しくは第3項の規定による許可証の返納又は第10条第1項若しくは第3項若しくは第14条第1項ただし書の規定による届出を受けた場合

⑶　第23条又は第24条の規定による処分をした場合

2　公安委員会は、古物商若しくは古物市場主若しくはこれらの代理人等が前項第3号に規定する処分の事由となる違反行為をしたと認めるとき、又は古物商若しくは古物市場主が同号に規定する処分に違反したと認めるときは、当該古物商又は古物市場主の主たる営業所又は古物市場の所在地を管轄する公安委員会に対し、国家公安委員会規則で定める事項を通報しなければならない。

（権限の委任）

第28条　この法律又はこの法律に基づく政令の規定により道公安委員会の権限に属する事務は、政令の定めるところにより、方面公安委員会に行わせることができる。

（経過措置）

第29条　この法律の規定に基づき政令又は国家公安委員会規則を制定し、又は改廃する場合においては、政令又は国家公安委員会規則で、その制定又は改廃に伴い合理的に必要とされる範囲内において、所要の経過措置（罰則に関する経過措置を含む。）を定めることができる。

（国家公安委員会規則への委任）

第30条　この法律に定めるもののほか、この法律の実施のための手続その他この法律の施行に関し必要な事項は、国家公安委員会規則で定める。

第6章　罰則

第31条　次の各号のいずれかに該当する者は、3年以下の懲役又は100万円以下の罰金に処する。

⑴　第3条の規定に違反して許可を受けないで第2条第2項第1号又は第2号に掲げる営業を営んだ者

⑵　偽りその他不正の手段により第3条の規定による許可を受けた者

⑶　第9条の規定に違反した者

⑷　第24条の規定による公安委員会の命令に違反した者

第32条　第14条第1項の規定に違反した者は、1年以下の懲役又は50万円以下の罰金に処する。

第33条　次の各号のいずれかに該当する者は、6月以下の懲役又は30万円以下の罰金に処する。

⑴　第14条第3項、第15条第1項、第18条第1項又は第19条第3項若しくは第4項の規定に違反した者

⑵　第16条又は第17条の規定に違反して必要な記載若しくは電磁的方法による記録をせず、又は虚偽の記載若しくは電磁的方法による記録をした者

⑶　第18条第2項の規定に違反して届出をせず、又は虚偽の届出をした者

⑷　第19条第２項の規定に違反して品触れに係る書面に到達の日付を記載せず、若しくは虚偽の日付を記載し、又はこれを保存しなかつた者

⑸　第21条又は第21条の７の規定による警察本部長等の命令に違反した者

第34条　次の各号のいずれかに該当する者は、20万円以下の罰金に処する。

⑴　第５条第１項の許可申請書又は添付書類に虚偽の記載をして提出した者

⑵　第10条第１項又は第３項の規定に違反して届出をせず、又は虚偽の届出をした者

⑶　第10条の２第１項の規定に違反して届出書若しくは添付書類を提出せず、又は同項の届出書若しくは添付書類に虚偽の記載をして提出した者

⑷　第21条の５第３項の規定に違反した者

第35条　次の各号のいずれかに該当する者は、10万円以下の罰金に処する。

⑴　第７条第１項、第２項若しくは第４項若しくは第10条の２第２項の規定に違反して届出書若しくは添付書類を提出せず、又は第７条第１項、第２項若しくは第４項若しくは第10条の２第２項の届出書若しくは添付書類に虚偽の記載をして提出した者

⑵　第８条第１項、第11条第１項若しくは第２項又は第12条の規定に違反した者

⑶　第22条第１項の規定による立入り又は帳簿等の検査を拒み、妨げ、又は忌避した者

⑷　第22条第３項の規定による報告をせず、又は虚偽の報告をした者

第36条　第31条から第33条までの罪を犯した者には、情状により、各本条の懲役及び罰金を併科することができる。

第37条　過失により第19条第３項又は第４項の規定に違反した者は、拘留又は科料に処する。

第38条　法人の代表者又は法人若しくは人の代理人等が、その法人又は人の業務又は財産に関し、第31条から第35条までの違反行為をしたときは、行為者を罰するほか、その法人又は人に対しても、各本条の罰金刑を科する。

第39条　第８条第３項の規定に違反した者は、５万円以下の過料に処する。

　　　附　則　〔略〕

○古物営業法施行令 （平成7年9月8日政令第326号）

最近改正　令和元年11月22日政令第166号

古物営業法施行令をここに公布する。

　　　古物営業法施行令

　内閣は、古物営業法（昭和24年法律第108号）第2条第1項、第26条及び第28条の規定に基づき、この政令を制定する。

（法の規制に係る証票その他の物）

第1条　古物営業法（以下「法」という。）第2条第1項の政令で定める証票その他の物は、次に掲げるものとする。

⑴　航空券

⑵　興行場又は美術館、遊園地、動物園、博覧会の会場その他不特定かつ多数の者が入場する施設若しくは場所でこれらに類するものの入場券

⑶　収入印紙

⑷　金額（金額を度その他の単位により換算して表示していると認められる場合の当該単位数を含む。）が記載され、又は電磁的方法（電子的方法、磁気的方法その他の人の知覚によって認識することができない方法をいう。）により記録されている証票その他の物であって、次に掲げるもの

　イ　乗車券の交付を受けることができるもの

　ロ　電話の料金の支払のために使用することができるもの

　ハ　タクシーの運賃又は料金の支払のために使用することができるもの

　ニ　有料の道路の料金の支払のために使用することができるもの

（法の規制の除外に係る大型機械類）

第2条　法第2条第1項の政令で定める大型機械類は、次に掲げるものとする。

⑴　船舶（総トン数20トン未満の船舶及び端舟その他ろかいのみをもって運転し、又は主としてろかいをもって運転する舟を除く。）

⑵　航空機

⑶　鉄道車両

⑷　コンクリートによる埋め込み、溶接、アンカーボルトを用いた接合その他これらと同等以上の強度を有する接合方法により、容易に取り外すことができない状態で土地又は建造物に固定して用いられる機械であって、重量が1トンを超えるもの

⑸　前各号に掲げるもののほか、重量が5トンを超える機械（船舶を除く。）であって、自走することができるもの及びけん引されるための装置が設けられているもの以外のもの

（電子情報処理組織及び競りの方法）

第3条　法第2条第2項第3号の政令で定める電子情報処理組織は、古物の売買をしようとする者の使用に係る電子計算機（入出力装置を含む。以下同じ。）と、その者から送信された古物に関する事項及びその買受けの申出に係る金額を電気通信回線に接続して行う自動公衆送信により公衆の閲覧に供して競りを行う機能を有する電子計算機とを電気通信回線で接続した電子情報処理

組織とする。

2　法第2条第2項第3号の政令で定める方法は、前項に規定する電子情報処理組織を使用する競りの方法とする。

（方面公安委員会への権限の委任）

第4条　法又は法に基づく政令の規定により道公安委員会の権限に属する事務は、次に掲げるものを除き、道警察本部の所在地を包括する方面を除く方面については、当該方面公安委員会が行う。

⑴　法第3条の規定による許可に関する事務

⑵　法第6条第1項若しくは第2項又は第24条第1項の規定による許可の取消しに関する事務

2　前項の規定により方面公安委員会が行う処分に係る聴聞を行うに当たっては、道公安委員会が定める手続に従うものとする。

　　　附　　則　〔略〕

○古物営業法施行規則 （平成7年9月20日国家公安委員会規則第10号）

最近改正　令和6年6月28日国家公安委員会規則第10号

　古物営業法（昭和24年法律第108号）並びに古物営業法の一部を改正する法律（平成7年法律第66号）附則第4条第2項及び第6条の規定に基づき、古物営業法施行規則を次のように定める。

　　　古物営業法施行規則

（暴力的不法行為その他の罪に当たる行為）

第1条　古物営業法（以下「法」という。）第4条第3号の国家公安委員会規則で定める行為は、次の各号に掲げる罪のいずれかに当たる行為とする。

⑴　爆発物取締罰則（明治17年太政官布告第32号）第1条から第3条までに規定する罪

⑵　刑法（明治40年法律第45号）第95条、第96条の2から第96条の4まで、第96条の5（第96条の2から第96条の4までに係る部分に限る。）、第96条の6第1項、第103条、第104条、第105条の2、第175条、第177条第1項若しくは第3項、第179条第2項、第180条（第177条第1項及び第3項並びに第179条第2項に係る部分に限る。以下この号において同じ。）、第181条第2項（第177条第1項及び第3項、第179条第2項並びに第180条に係る部分に限る。）、第182条第3項、第185条から第187条まで、第199条、第201条、第203条（第199条に係る部分に限る。）、第204条、第205条、第208条、第208条の2、第220条から第223条まで、第225条から第226条の3まで、第227条第1項（第225条及び第226条から第226条の3までに係る部分に限る。以下この号において同じ。）から第4項まで、第228条（第225条、第225条の2第1項、第226条から第226条の3まで並びに第227条第1項から第3項まで及び第4項前段に係る部分に限る。）、第228条の3、第234条、第235条の2から第237条まで、第240条（第236条に係る部分に限る。以下この号において同じ。）、第241条第1項（第236条に係る部分に限る。）若しくは第3項（第236条に係る部分に限る。以下この号において同じ。）、第243条（第235条の2、第236条、第240条及び第241条第3項に係る部分に限る。）、第249条、第250条（第246条、第246条の2及び第249条に係る部分に限る。）又は第258条から第261条までに規定する罪

⑶　暴力行為等処罰に関する法律（大正15年法律第60号）に規定する罪

⑷　盗犯等の防止及び処分に関する法律（昭和5年法律第9号）第2条（刑法第236条及び第243条（第236条に係る部分に限る。以下この号において同じ。）に係る部分に限る。）、第3条（刑法第236条及び第243条に係る部分に限る。）又は第4条（刑法第236条に係る部分に限る。）に規定する罪

⑸　労働基準法（昭和22年法律第49号）第117条又は第118条第1項（第6条及び第56条に係る部分に限る。）に規定する罪

⑹　職業安定法（昭和22年法律第141号）第63条、第64条第1号、第1号の2（第30条第1項、第32条の6第2項（第33条第4項において準用する場合を含む。）及び第33条第1項に係る部分に限る。）、第4号、第5号若しくは第10号又は第66条第1号若しくは第3号に規定する罪

⑺　児童福祉法（昭和22年法律第164号）第60条第1項又は第2項（第34条第1項第4号の2、第5号、第7号及び第9号に係る部分に限る。）に規定する罪

⑻　金融商品取引法（昭和23年法律第25号）第197条の2第10号の4、第10号の5若しくは第10

号の 8 から第10号の10まで、第198条第 1 号、第 3 号、第 3 号の 3 、第 4 号、第 4 号の 2 若し
くは第 6 号から第 7 号まで、第198条の 4 、第198条の 5 第 2 号の 2 （第57条の20第 1 項に係る
部分に限る。）、第198条の 6 第 1 号（第29条の 2 第 1 項から第 3 項まで、第59条の 2 第 1 項及
び第 3 項、第60条の 2 第 1 項及び第 3 項、第66条の 2 、第66条の28、第66条の51、第81条、第
102条の15、第106条の11、第155条の 2 、第156条の 3 、第156条の20の 3 、第156条の20の17、
第156条の24第 2 項から第 4 項まで並びに第156条の40に係る部分に限る。）若しくは第11号の
5 、第200条第13号若しくは第17号（第106条の 3 第 1 項及び第 4 項、第106条の17第 1 項及び
第 3 項並びに第156条の 5 の 5 第 1 項及び第 4 項に係る部分に限る。）、第205条第 9 号、第13
号（第106条の 3 第 3 項（第106条の10第 4 項及び第106条の17第 4 項において準用する場合を
含む。）及び第156条の 5 の 5 第 3 項に係る部分に限る。）若しくは第16号、第205条の 2 の 3 第
1 号（第31条第 1 項、第57条の14、第60条の 5 第 1 項、第63条第 8 号（第63条の 3 第 2 項にお
いて準用する場合を含む。）、第63条の 9 第 7 項（第63条の11第 2 項において準用する場合を含
む。）、第66条の 5 第 1 項、第66条の31第 1 項、第66条の54第 1 項及び第156条の55第 1 項に係
る部分に限る。）、第 2 号（第31条の 3 及び第66条の 6 に係る部分に限る。）若しくは第 4 号（第
36条の 2 第 2 項及び第66条の 8 第 2 項に係る部分に限る。）又は第206条第 2 号（第149条第 2
項前段（第153条の 4 において準用する場合を含む。）及び第155条の 7 に係る部分に限る。）、
第 8 号（第156条の13に係る部分に限る。）、第 9 号の 2 （第156条の20の11及び第156条の20の
21第 2 項に係る部分に限る。）若しくは第10号（第156条の28第 3 項に係る部分に限る。）に規
定する罪

⑼　風俗営業等の規制及び業務の適正化等に関する法律（昭和23年法律第122号）第49条第 5 号
若しくは第 6 号、第50条第 1 項第 4 号（第22条第 1 項第 3 号及び第 4 号（第31条の23及び第32
条第 3 項において準用する場合を含む。）に係る部分に限る。）、第 5 号（第28条第12項第 3 号
に係る部分に限る。）、第 6 号、第 8 号（第31条の13第 2 項第 3 号及び第 4 号に係る部分に限る。）、
第 9 号若しくは第10号又は第52条第 1 号に規定する罪

⑽　大麻取締法（昭和23年法律第124号）第24条、第24条の 2 、第24条の 4 、第24条の 6 又は第
24条の 7 に規定する罪

⑾　船員職業安定法（昭和23年法律第130号）第112条第 1 号、第 2 号（第34条第 1 項、第55条第
1 項及び第60条第 2 項に係る部分に限る。）若しくは第 5 号又は第114条第 2 号若しくは第 3 号
（第61条第 1 項に係る部分に限る。）に規定する罪

⑿　競馬法（昭和23年法律第158号）第30条第 3 号又は第34条に規定する罪

⒀　自転車競技法（昭和23年法律第209号）第56条第 2 号又は第58条第 3 号に規定する罪

⒁　建設業法（昭和24年法律第100号）第47条第 1 項第 1 号若しくは第 3 号又は第50条第 1 項第
1 号、第 2 号（第11条第 1 項及び第 3 項（第17条において準用する場合を含む。）に係る部分
に限る。）若しくは第 3 号に規定する罪

⒂　弁護士法（昭和24年法律第205号）第77条第 3 号又は第 4 号に規定する罪

⒃　火薬類取締法（昭和25年法律第149号）第58条第 1 号から第 4 号まで又は第59条第 2 号（第
21条に係る部分に限る。）、第 4 号若しくは第 5 号に規定する罪

⒄　小型自動車競走法（昭和25年法律第208号）第61条第 2 号又は第63条第 3 号に規定する罪

⒅　毒物及び劇物取締法（昭和25年法律第303号）第24条第 1 号（第 3 条に係る部分に限る。）に

規定する罪

⒆ 港湾運送事業法（昭和26年法律第161号）第34条第1号に規定する罪

⒇ 投資信託及び投資法人に関する法律（昭和26年法律第198号）第245条第3号又は第246条第1号（第191条第1項に係る部分に限る。）若しくは第8号に規定する罪

(21) モーターボート競走法（昭和26年法律第242号）第65条第2号又は第68条第3号に規定する罪

(22) 覚醒剤取締法（昭和26年法律第252号）第41条、第41条の2、第41条の3第1項第1号、第3号若しくは第4号、第2項（同条第1項第1号、第3号及び第4号に係る部分に限る。）若しくは第3項（同条第1項第1号、第3号及び第4号並びに第2項（同条第1項第1号、第3号及び第4号に係る部分に限る。）に係る部分に限る。）、第41条の4第1項第3号から第5号まで、第2項（同条第1項第3号から第5号までに係る部分に限る。）若しくは第3項（同条第1項第3号から第5号まで及び第2項（同条第1項第3号から第5号までに係る部分に限る。）に係る部分に限る。）、第41条の6、第41条の7、第41条の9から第41条の11まで又は第41条の13に規定する罪

(23) 旅券法（昭和26年法律第267号）第23条第1項第1号、第2項（同条第1項第1号に係る部分に限る。以下この号において同じ。）又は第3項（同条第1項第1号及び第2項に係る部分に限る。）に規定する罪

(24) 出入国管理及び難民認定法（昭和26年政令第319号）第74条から第74条の6まで、第74条の6の2第1項第1号若しくは第2号若しくは第2項、第74条の6の3（第74条の6の2第1項第1号及び第2号並びに第2項に係る部分に限る。）又は第74条の8に規定する罪

(25) 宅地建物取引業法（昭和27年法律第176号）第79条第1号若しくは第2号、第82条第1号、第2号（第12条第2項に係る部分に限る。）若しくは第3号又は第83条第1項第1号（第9条及び第53条（第63条の3第2項において準用する場合を含む。）に係る部分に限る。）に規定する罪

(26) 酒税法（昭和28年法律第6号）第54条第1項若しくは第2項又は第56条第1項第1号、第5号若しくは第7号に規定する罪

(27) 麻薬及び向精神薬取締法（昭和28年法律第14号）第64条から第65条まで、第66条（小分け、譲渡し、譲受け及び所持に係る部分に限る。）又は第67条から第68条の2までに規定する罪

(28) 武器等製造法（昭和28年法律第145号）第31条、第31条の2又は第31条の3第1号若しくは第4号に規定する罪

(29) 出資の受入れ、預り金及び金利等の取締りに関する法律（昭和29年法律第195号）第5条に規定する罪

(30) 売春防止法（昭和31年法律第118号）第6条、第7条第2項若しくは第3項（同条第2項に係る部分に限る。）、第8条第1項（第7条第2項に係る部分に限る。）又は第10条から第13条までに規定する罪

(31) 銃砲刀剣類所持等取締法（昭和33年法律第6号）第31条から第31条の4まで、第31条の7から第31条の9まで、第31条の11第1項第1号若しくは第2号若しくは第2項、第31条の12、第31条の13、第31条の15、第31条の16第1項第1号から第3号まで若しくは第2項、第31条の17、第31条の18第1項若しくは第2項第2号、第32条第1号、第3号、第4号若しくは第7号

又は第35条第２号（第22条の２第１項及び第22条の４に係る部分に限る。）に規定する罪

⑶2　割賦販売法（昭和36年法律第159号）第49条第２号、第３号若しくは第６号又は第53条の２第１号（第33条の３第１項、第35条の２の13第１項、第35条の３の28第１項及び第35条の17の６第１項に係る部分に限る。）に規定する罪

⑶3　著作権法（昭和45年法律第48号）第119条第２項第３号に規定する罪

⑶4　廃棄物の処理及び清掃に関する法律（昭和45年法律第137号）第25条第１項第１号、第２号、第８号、第９号、第13号若しくは第14号若しくは第２項（同条第１項第14号に係る部分に限る。）、第26条第３号、第４号若しくは第６号（第25条第１項第14号に係る部分に限る。）、第29条第１号（第７条の２第４項（第14条の２第３項及び第14条の５第３項において読み替えて準用する場合を含む。）及び第９条第６項（第15条の２の６第３項において読み替えて準用する場合を含む。）に係る部分に限る。）又は第30条第２号（第７条の２第３項（第14条の２第３項及び第14条の５第３項において準用する場合を含む。）、第９条第３項（第15条の２の６第３項において準用する場合を含む。）及び第９条の７第２項（第15条の４において準用する場合を含む。）に係る部分に限る。）に規定する罪

⑶5　火炎びんの使用等の処罰に関する法律（昭和47年法律第17号）第２条又は第３条に規定する罪

⑶6　建設労働者の雇用の改善等に関する法律（昭和51年法律第33号）第49条第１号又は第51条第４号若しくは第６号に規定する罪

⑶7　銀行法（昭和56年法律第59号）第61条第１号、第62条の２第１号又は第63条の３第２号（第52条の78第１項に係る部分に限る。）に規定する罪

⑶8　貸金業法（昭和58年法律第32号）第47条第１号若しくは第２号、第47条の３第１項第１号、第２号（第11条第２項に係る部分に限る。）若しくは第３号、第48条第１項第１号の３（第24条第２項、第24条の２第２項、第24条の３第２項、第24条の４第２項及び第24条の５第２項において準用する第12条の７に係る部分に限る。）、第３号の３（第24条第２項、第24条の２第２項、第24条の３第２項、第24条の４第２項及び第24条の５第２項において準用する第16条の３第１項に係る部分に限る。）、第４号の２、第５号（第24条第２項、第24条の２第２項、第24条の３第２項、第24条の４第２項及び第24条の５第２項において準用する第20条第３項に係る部分に限る。）、第５号の２、第５号の３若しくは第９号の８、第49条第７号、第50条第１項第１号（第８条第１項に係る部分に限る。）若しくは第２号又は第50条の２第６号（第41条の55第１項に係る部分に限る。）に規定する罪

⑶9　労働者派遣事業の適正な運営の確保及び派遣労働者の保護等に関する法律（昭和60年法律第88号）第59条第１号（第４条第１項に係る部分に限る。）から第３号まで又は第61条第１号若しくは第２号（第11条第１項に係る部分に限る。）に規定する罪

⑷0　港湾労働法（昭和63年法律第40号）第48条第１号又は第51条第２号（第18条第２項において準用する第12条第２項に規定する申請書及び第18条第２項において準用する第12条第３項に規定する書類に係る部分を除く。）若しくは第３号（第19条第１項に係る部分に限る。）に規定する罪

⑷1　国際的な協力の下に規制薬物に係る不正行為を助長する行為等の防止を図るための麻薬及び向精神薬取締法等の特例等に関する法律（平成３年法律第94号。以下この号及び第47号におい

て「麻薬特例法」という。）第３章に規定する罪のうち、次に掲げる罪

イ　麻薬特例法第５条に規定する罪のうち、次に掲げる行為に係る罪

⑴　大麻取締法第24条又は第24条の２に規定する罪に当たる行為をすること。

⑵　覚醒剤取締法第41条又は第41条の２に規定する罪に当たる行為をすること。

⑶　麻薬及び向精神薬取締法第64条、第64条の２若しくは第65条又は第66条（小分け、譲渡し及び譲受けに係る部分に限る。）に規定する罪に当たる行為をすること。

ロ　麻薬特例法第６条又は第７条に規定する罪

ハ　麻薬特例法第８条第１項に規定する罪のうち、次に掲げる罪に係る罪

⑴　イ又はホに掲げる罪

⑵　大麻取締法第24条に規定する罪

⑶　覚醒剤取締法第41条に規定する罪

⑷　麻薬及び向精神薬取締法第64条又は第65条に規定する罪

ニ　麻薬特例法第８条第２項に規定する罪のうち、次に掲げる罪に係る罪

⑴　イ又はホに掲げる罪

⑵　大麻取締法第24条の２に規定する罪

⑶　覚醒剤取締法第41条の２に規定する罪

⑷　麻薬及び向精神薬取締法第64条の２又は第66条に規定する罪

ホ　麻薬特例法第９条に規定する罪のうち、次に掲げる罪に係る罪

⑴　イ又はロに掲げる罪

⑵　大麻取締法第24条、第24条の２、第24条の４、第24条の６又は第24条の７に規定する罪

⑶　覚醒剤取締法第41条、第41条の２、第41条の６、第41条の９又は第41条の11に規定する罪

⑷　麻薬及び向精神薬取締法第64条、第64条の２、第65条、第66条（小分け、譲渡し、譲受け及び所持に係る部分に限る。）又は第67条から第68条の２までに規定する罪

(42)　不動産特定共同事業法（平成６年法律第77号）第77条第１号、第２号若しくは第５号から第７号まで、第82条第１号若しくは第５号又は第84条第１号（第58条第４項に係る部分を除く。）若しくは第３号に規定する罪

(43)　保険業法（平成７年法律第105号）第315条第６号、第315条の２第４号から第６号（第272条の35第５項に係る部分に限る。）まで、第316条の３第１号、第317条の２第３号、第319条第９号又は第320条第９号（第308条の18第１項に係る部分に限る。）に規定する罪

(44)　資産の流動化に関する法律（平成10年法律第105号）第294条第１号（第４条第１項に係る部分に限る。）、第３号若しくは第12号（第４条第２項から第４項まで（これらの規定を第11条第５項において準用する場合を除く。）及び第９条第２項（第227条第２項において準用する場合を除く。）に係る部分に限る。）又は第295条第２号（第209条第２項（第286条第１項において準用する場合を含む。）において準用する第219条の規定による命令に係る部分を除く。）に規定する罪

(45)　債権管理回収業に関する特別措置法（平成10年法律第126号）第33条第１号若しくは第２号、第34条第１号若しくは第３号又は第35条第１号、第２号、第５号、第６号若しくは第８号に規定する罪

⑷　児童買春、児童ポルノに係る行為等の規制及び処罰並びに児童の保護等に関する法律（平成11年法律第52号）第5条、第6条、第7条第2項から第8項まで又は第8条に規定する罪

⑷　組織的な犯罪の処罰及び犯罪収益の規制等に関する法律（平成11年法律第136号。以下この号において「組織的犯罪処罰法」という。）第2章に規定する罪のうち、次に掲げる罪

イ　組織的犯罪処罰法第3条第1項に規定する罪のうち、同項第2号から第10号まで又は第12号から第15号までに規定する罪に当たる行為に係る罪

ロ　組織的犯罪処罰法第3条第2項に規定する罪のうち、同条第1項第2号から第4号まで、第7号から第10号まで、第12号、第14号又は第15号に規定する罪に係る罪

ハ　組織的犯罪処罰法第4条に規定する罪のうち、組織的犯罪処罰法第3条第1項第7号、第9号、第10号（刑法第225条の2第1項に係る部分に限る。）、第13号又は第14号に規定する罪に係る罪

ニ　組織的犯罪処罰法第6条に規定する罪

ホ　組織的犯罪処罰法第6条の2第1項又は第2項に規定する罪のうち、次に掲げる罪に当たる行為に係る罪

⑴　爆発物取締罰則第3条に規定する罪

⑵　刑法第177条第1項若しくは第3項、第204条、第225条、第226条、第226条の2第1項、第4項若しくは第5項、第226条の3、第227条第1項（第225条及び第226条から第226条の3までに係る部分に限る。）、第3項若しくは第4項、第235条の2、第236条又は第246条の2に規定する罪

⑶　労働基準法第117条に規定する罪

⑷　職業安定法第63条に規定する罪

⑸　児童福祉法第60条第1項に規定する罪

⑹　金融商品取引法第197条の2第10号の4、第10号の5若しくは第10号の8から第10号の10までに規定する罪

⑺　大麻取締法第24条第1項又は第24条の2第1項に規定する罪

⑻　競馬法第30条第3号に規定する罪

⑼　自転車競技法第56条第2号に規定する罪

⑽　小型自動車競走法第61条第2号に規定する罪

⑾　モーターボート競走法第65条第2号に規定する罪

⑿　覚醒剤取締法第41条第1項、第41条の2第1項若しくは第2項、第41条の3第1項第1号、第3号若しくは第4号若しくは第2項（同条第1項第1号、第3号及び第4号に係る部分に限る。）又は第41条の4第1項第3号から第5号までに規定する罪

⒀　旅券法第23条第1項第1号に規定する罪

⒁　出入国管理及び難民認定法第74条第1項、第74条の2第2項、第74条の4第1項、第74条の6の2第2項又は第74条の8第2項に規定する罪

⒂　麻薬及び向精神薬取締法第64条第1項、第64条の2第1項若しくは第2項、第64条の3第1項若しくは第2項、第65条第1項若しくは第2項又は第66条第1項（小分け、譲渡し、譲受け及び所持に係る部分に限る。）に規定する罪

⒃　武器等製造法第31条第1項、第31条の2第1項又は第31条の3第4号（猟銃の製造に係

る部分に限る。）に規定する罪

⒄ 出資の受入れ、預り金及び金利等の取締りに関する法律第5条に規定する罪

⒅ 売春防止法第8条第1項（第7条第2項に係る部分に限る。）、第11条第2項、第12条又は第13条に規定する罪

⒆ 銃砲刀剣類所持等取締法第31条第1項（拳銃等の発射に係るものを除く。）、第2項若しくは第3項、第31条の2第1項、第31条の3第1項（拳銃等の所持に係るものを除く。）、第2項（拳銃等の所持に係るものを除く。）、第3項若しくは第4項、第31条の4第1項若しくは第2項、第31条の7第1項、第31条の8、第31条の9第1項、第31条の11第1項第1号若しくは第2号又は第31条の13に規定する罪

⒇ 著作権法第119条第2項第3号に規定する罪

㉑ 廃棄物の処理及び清掃に関する法律第25条第1項第1号、第2号、第8号、第9号、第13号又は第14号に規定する罪

㉒ 火炎びんの使用等の処罰に関する法律第2条第1項に規定する罪

㉓ 貸金業法第47条第1号又は第2号に規定する罪

㉔ 麻薬特例法第6条第1項又は第7条に規定する罪

㉕ 児童買春、児童ポルノに係る行為等の規制及び処罰並びに児童の保護等に関する法律第5条第1項、第6条第1項又は第7条第6項から第8項までに規定する罪

㉖ 組織的犯罪処罰法第3条第1項（同項第2号から第10号まで及び第12号から第15号までに係る部分に限る。）若しくは第2項（同条第1項第2号から第4号まで、第7号から第10号まで、第12号、第14号及び第15号に係る部分に限る。）、第7条（同条第1項第1号から第3号までに係る部分に限る。）、第7条の2第2項、第9条第1項から第3項まで、第10条第1項又は第11条に規定する罪

㉗ 会社法（平成17年法律第86号）第970条第4項に規定する罪

㉘ 性的な姿態を撮影する行為等の処罰及び押収物に記録された性的な姿態の影像に係る電磁的記録の消去等に関する法律（令和5年法律第67号）第3条第2項又は第5条第1項若しくは第2項に規定する罪

　ヘ　組織的犯罪処罰法第7条、第7条の2又は第9条から第11条までに規定する罪

⒅ 金融サービスの提供及び利用環境の整備等に関する法律（平成12年法律第101号）第140条第1号、第141条第1号、第142条第1号、第148条第5号、第149条第1号（第16条第3項第1号に係る部分に限る。）又は第151条第1号、第3号若しくは第6号（第67条第1項に係る部分に限る。）に規定する罪

⒆ 著作権等管理事業法（平成12年法律第131号）第29条第1号若しくは第2号又は第32条第1号に規定する罪

⒇ 高齢者の居住の安定確保に関する法律（平成13年法律第26号）第80条第1号、第2号（第9条第1項及び第11条第3項に係る部分に限る。）又は第3号（第14条に係る部分に限る。）に規定する罪

㉛ 使用済自動車の再資源化等に関する法律（平成14年法律第87号）第138条第4号若しくは第5号又は第140条第2号（第63条第1項及び第71条第1項に係る部分に限る。）に規定する罪

㉜ インターネット異性紹介事業を利用して児童を誘引する行為の規制等に関する法律（平成15

年法律第83号）第31条（第14条第2項に係る部分に限る。）、第32条第1号又は第34条第1号若しくは第2号に規定する罪

(53)　裁判外紛争解決手続の利用の促進に関する法律（平成16年法律第151号）第32条第1項（第5条に係る部分に限る。）又は第3項第1号（第8条に係る部分に限る。）若しくは第2号に規定する罪

(54)　信託業法（平成16年法律第154号）第91条第1号から第3号まで若しくは第7号から第9号まで、第93条第1号、第2号、第9号から第12号まで、第22号、第23号、第27号若しくは第32号、第94条第5号、第96条第2号又は第97条第1号、第3号、第6号、第9号（第71条第1項に係る部分に限る。）、第11号若しくは第14号に規定する罪

(55)　会社法第970条第2項から第4項までに規定する罪

(56)　探偵業の業務の適正化に関する法律（平成18年法律第60号）第17条（第15条第2項に係る部分に限る。）、第18条第1号又は第19条第1号若しくは第2号に規定する罪

(57)　犯罪による収益の移転防止に関する法律（平成19年法律第22号）第28条に規定する罪

(58)　電子記録債権法（平成19年法律第102号）第95条第1号又は第97条第2号に規定する罪

(59)　資金決済に関する法律（平成21年法律第59号）第107条第2号（第37条、第41条第1項、第62条の3、第62条の7第1項及び第63条の2に係る部分に限る。）、第6号、第8号、第9号、第12号、第14号、第15号若しくは第17号から第19号まで、第109条第11号若しくは第12号、第112条第2号（第38条第1項（第41条第2項において準用する場合を含む。）及び第2項（第41条第2項において準用する場合を含む。）、第62条の4第1項（第62条の7第2項において準用する場合を含む。）及び第2項（第62条の7第2項において準用する場合を含む。）並びに第63条の3第1項及び第2項に係る部分に限る。）又は第114条第1号（第41条第3項及び第4項、第62条の7第3項及び第4項並びに第63条の6第1項及び第2項に係る部分に限る。）若しくは第7号（第63条の33第2項及び第77条に係る部分に限る。）に規定する罪

(60)　性的な姿態を撮影する行為等の処罰及び押収物に記録された性的な姿態の影像に係る電磁的記録の消去等に関する法律第2条から第6条までに規定する罪

（心身の故障により古物商又は古物市場主の業務を適正に実施することができない者）

第1条の2　法第4条第8号の国家公安委員会規則で定める者は、精神機能の障害により古物商又は古物市場主の業務を適正に実施するに当たって必要な認知、判断及び意思疎通を適切に行うことができない者とする。

（許可の申請）

第1条の3　法第5条第1項に規定する許可申請書の様式は、別記様式第1号のとおりとする。

2　法第5条第1項の規定により都道府県公安委員会（以下「公安委員会」という。）に許可申請書を提出する場合においては、主たる営業所（営業所のない者にあっては、住所又は居所をいう。以下同じ。）又は古物市場の所在地の所轄警察署長を経由して、一通の許可申請書を提出しなければならない。

3　法第5条第1項の国家公安委員会規則で定める書類は、次のとおりとする。

⑴　申請者が個人である場合には、次に掲げる書類

イ　最近5年間の略歴を記載した書面及び住民票の写し（住民基本台帳法（昭和42年法律第81号）第7条第5号に掲げる事項（外国人にあっては、同法第30条の45に規定する国籍等）を

記載したものに限る。第9条の2第3項第1号及び第22条第3項第2号において同じ。)

　ロ　法第4条第1号から第9号までに掲げる者のいずれにも該当しないことを誓約する書面

　ハ　民法の一部を改正する法律（平成11年法律第149号）附則第3条第3項の規定により従前の例によることとされる準禁治産者又は破産手続開始の決定を受けて復権を得ない者に該当しない旨の市町村（特別区を含む。）の長の証明書

　ニ　未成年者で古物営業を営むことに関し法定代理人の許可を受けているものにあっては、その法定代理人の氏名及び住所（法定代理人が法人である場合においては、その名称及び住所並びに代表者の氏名）を記載した書面並びに当該許可を受けていることを証する書面（古物商又は古物市場主の相続人である未成年者で古物営業を営むことに関し法定代理人の許可を受けていないものにあっては、被相続人の氏名及び住所並びに古物営業に係る営業所又は古物市場の所在地を記載した書面並びにその法定代理人に係るイからハまでに掲げる書類（法定代理人が法人である場合においては、その法人に係る次号イからニまでに掲げる書類））

⑵　申請者が法人である場合には、次に掲げる書類

　イ　定款及び登記事項証明書

　ロ　役員に係る前号イに掲げる書類

　ハ　役員に係る前号ハに掲げる書類

　ニ　役員に係る法第4条第1号から第8号までに掲げる者のいずれにも該当しないことを誓約する書面

⑶　選任する法第13条第1項の管理者に係る次に掲げる書類

　イ　第1号イに掲げる書類

　ロ　第1号ハに掲げる書類

　ハ　法第13条第2項各号に掲げる者のいずれにも該当しないことを誓約する書面

⑷　法第2条第2項第2号に掲げる営業を営もうとする者にあっては、古物市場ごとの規約（当該古物市場の開閉の日時、当該古物市場における取引の要領等を記載した書面をいう。以下同じ。）

⑸　取り扱う古物に関する事項を電気通信回線に接続して行う自動公衆送信により公衆の閲覧に供し、その取引の申込みを第2条の2に規定する通信手段により受ける営業の方法を用いようとする者にあっては、当該古物に関する事項に係る自動公衆送信の送信元を識別するための文字、番号、記号その他の符号（以下「送信元識別符号」という。）を使用する権限のあることを疎明する資料

4　前項第4号の古物市場の規約には、当該古物市場に参集する主たる古物商の住所及び氏名を記載した名簿を付さなければならない。

5　第3項の規定にかかわらず、質屋営業法（昭和25年法律第158号）第1条第2項に規定する質屋が同法第2条第1項の規定による許可を受けた公安委員会から法第3条の規定による許可を受けようとする場合の許可申請書には、第3項第1号から第3号まで（同項第1号ハ、第2号ハ及び第3号ロを除く。）に掲げる書類を添付することを要しない。ただし、現に当該許可に係る営業所について質屋営業法第2条第2項の規定により定めている管理者である者以外の者を法第13条第1項の管理者として選任する場合にあっては、第3項第3号イ及びハに掲げる書類を添付しなければならない。

（古物の区分）

第2条　法第5条第1項第3号の国家公安委員会規則で定める区分は、次のとおりとする。

⑴　美術品類（書画、彫刻、工芸品等）

⑵　衣類（和服類、洋服類、その他の衣料品）

⑶　時計・宝飾品類（時計、眼鏡、宝石類、装身具類、貴金属類等）

⑷　自動車（その部分品を含む。）

⑸　自動二輪車及び原動機付自転車（これらの部分品を含む。）

⑹　自転車類（その部分品を含む。）

⑺　写真機類（写真機、光学器等）

⑻　事務機器類（レジスター、タイプライター、計算機、謄写機、ワードプロセッサー、ファクシミリ装置、事務用電子計算機等）

⑼　機械工具類（電機類、工作機械、土木機械、化学機械、工具等）

⑽　道具類（家具、じゅう器、運動用具、楽器、磁気記録媒体、蓄音機用レコード、磁気的方法又は光学的方法により音、影像又はプログラムを記録した物等）

⑾　皮革・ゴム製品類（カバン、靴等）

⑿　書籍

⒀　金券類（商品券、乗車券及び郵便切手並びに古物営業法施行令（平成7年政令第326号）第1条各号に規定する証票その他の物をいう。）

（取引の申込み等に係る通信手段）

第2条の2　法第5条第1項第6号及び第10条第3項の国家公安委員会規則で定める通信手段は、取引の相手方と対面しないで使用できる通信手段とする。

（許可証の様式）

第3条　法第5条第2項に規定する許可証の様式は、別記様式第2号又は別記様式第3号のとおりとする。

（許可証の再交付の申請）

第4条　法第5条第4項の規定により許可証の再交付を受けようとする者は、主たる営業所又は古物市場の所在地を管轄する公安委員会に、別記様式第4号の再交付申請書を提出しなければならない。

2　前項の規定により再交付申請書を提出する場合においては、主たる営業所又は古物市場の所在地の所轄警察署長を経由して、1通の再交付申請書を提出しなければならない。

（公告の方法）

第4条の2　法第6条第2項の規定による公告は、官報によるものとする。

（変更の届出及び許可証の書換えの申請）

第5条　法第7条第1項の国家公安委員会規則で定める事項は、当該変更に係る変更予定年月日及び変更事項とする。

2　法第7条第1項に規定する届出書の様式は、別記様式第5号のとおりとする。

3　法第7条第1項の規定により公安委員会に届出書を提出する場合（同条第3項の規定により同条第1項の規定による届出書の提出を経由して行う場合を含む。）においては、その営業所又は古物市場（二以上の営業所又は二以上の古物市場を有する者にあっては、当該営業所又は古物市

場のうちいずれか一の営業所又は古物市場）の所在地の所轄警察署長を経由して、当該変更の日から3日前までに、1通の届出書を提出しなければならない。

4　法第7条第2項の国家公安委員会規則で定める事項は、当該変更に係る変更年月日及び変更事項とする。

5　法第7条第2項に規定する届出書の様式は、別記様式第6号のとおりとする。

6　法第7条第2項の規定により公安委員会に届出書を提出する場合（同条第3項の規定により同条第2項の規定による届出書の提出を経由して行う場合を含む。）においては、その営業所又は古物市場（二以上の営業所又は二以上の古物市場を有する者にあっては、当該営業所又は古物市場のうちいずれか一の営業所又は古物市場）の所在地の所轄警察署長を経由して、当該変更の日から14日（届出書に登記事項証明書を添付すべき場合にあっては、20日）以内に、1通の届出書を提出しなければならない。

7　法第7条第4項の国家公安委員会規則で定める書類は、第1条の3第3項各号に規定する書類のうち当該変更事項に係る書類とする。

8　前項の規定にかかわらず、古物商又は古物市場主が次に掲げる者を新たに法第13条第1項の管理者として選任した場合において法第7条第2項の規定により公安委員会に提出する届出書には、第1条の3第3項第3号（第2号に掲げる者を選任した場合にあっては、同項第3号ロを除く。）に掲げる書類を添付することを要しない。

⑴　当該古物商又は古物市場主の営業所又は古物市場について現に法第13条第1項の規定により選任している管理者である者

⑵　当該古物商又は古物市場主が主たる営業所又は古物市場の所在地を管轄する公安委員会から質屋営業法第2条第1項の規定による許可を受けている場合において、当該許可に係る営業所について同法第2条第2項の規定により定めている管理者である者

9　法第7条第5項の規定により許可証の書換えを受けようとする者は、主たる営業所又は古物市場の所在地を管轄する公安委員会に、別記様式第6号の書換申請書及び当該許可証を提出しなければならない。

10　第4条第2項の規定は、前項の規定により書換申請書及び許可証を提出する場合について準用する。この場合において、同条第2項中「の再交付申請書」とあるのは「の書換申請書及び許可証」と読み替えるものとする。

（変更後の規約の提出）

第6条　古物市場主は、古物市場の規約の内容を変更した場合は、速やかに、当該古物市場の所在地の所轄警察署長を経由して、変更後の規約を主たる古物市場の所在地を管轄する公安委員会に提出するものとする。

（許可証の返納）

第7条　法第8条第1項又は第3項の規定による許可証の返納は、当該事由の発生の日から10日以内に、主たる営業所又は古物市場の所在地の所轄警察署長を経由してしなければならない。この場合においては、当該許可証とともに別記様式第9号の返納理由書を提出しなければならない。

（競り売りの届出）

第8条　法第10条第1項の規定により公安委員会に届出をする場合においては、その場所（同条第2項の規定により当該届出を経由して行う場合にあっては、その経由する公安委員会の管轄区域

内の営業所の所在地（二以上の営業所を有する古物商にあっては、そのいずれか一の営業所の所在地））の所轄警察署長を経由して、競り売りの日から3日前までに、別記様式第10号の競り売り届出書を提出しなければならない。

2　法第10条第3項の国家公安委員会規則で定める事項は、古物の買受けの申込みを受ける通信手段の種類とする。

3　法第10条第3項の規定により公安委員会に届出をする場合においては、売却する古物を取り扱う営業所の所在地の所轄警察署長を経由して、競り売りの日から3日前までに、別記様式第10号の2の競り売り届出書を提出しなければならない。

第9条　削除

（古物競りあっせん業者に係る営業開始の届出）

第9条の2　法第10条の2第1項に規定する届出書の様式は、別記様式第11号の2のとおりとする。

2　法第10条の2第1項の規定により公安委員会に届出書を提出する場合においては、営業の本拠となる事務所（当該事務所のない者にあっては、住所又は居所をいう。以下同じ。）の所在地の所轄警察署長を経由して、1通の届出書を提出しなければならない。

3　法第10条の2第1項の国家公安委員会規則で定める書類は、次のとおりとする。
　⑴　届出者が個人である場合には、住民票の写し
　⑵　届出者が法人である場合には、定款及び登記事項証明書
　⑶　あっせんの相手方から送信された古物に関する事項及びその買受けの申出に係る金額に係る自動公衆送信の送信元識別符号を使用する権限のあることを疎明する資料

4　法第10条の2第1項第4号の国家公安委員会規則で定める事項は、次のとおりとする。
　⑴　営業を示すものとして使用する名称
　⑵　前項第3号の送信元識別符号

（古物競りあっせん業者に係る廃止等の届出）

第9条の3　法第10条の2第2項の国家公安委員会規則で定める事項は、次の各号に掲げる区分に従い、それぞれ当該各号に掲げる事項とする。
　⑴　古物競りあっせん業を廃止した場合の届出　廃止年月日及びその旨
　⑵　変更があった場合の届出　当該変更に係る変更年月日及び変更事項

2　法第10条の2第2項に規定する届出書の様式は、古物競りあっせん業を廃止した場合の届出に係る届出書にあっては別記様式第11号の3、変更があった場合の届出に係る届出書にあっては別記様式第11号の4のとおりとする。

3　法第10条の2第2項の規定により公安委員会に届出書を提出する場合においては、営業の本拠となる事務所の所在地の所轄警察署長を経由して、古物競りあっせん業の廃止又は変更の日から14日（当該届出書に登記事項証明書を添付すべき場合にあっては、20日）以内に、1通の届出書を提出しなければならない。

4　法第10条の2第2項の国家公安委員会規則で定める書類は、変更があった場合の届出に係る届出書にあっては、前条第3項に規定する書類のうち当該変更事項に係る書類とする。

（行商従業者証の様式）

第10条　法第11条第2項の国家公安委員会規則で定める様式は、別記様式第12号又は第12条第1項

の規定による承認を受けた様式とする。

（標識の様式）

第11条　法第12条の国家公安委員会規則で定める様式は、別記様式第13号若しくは別記様式第14号又は次条第１項の規定による承認を受けた様式とする。

（行商従業者証等の様式の特例）

第12条　国家公安委員会又は公安委員会は、国家公安委員会が定める団体が当該団体の社員、組合員その他の構成員である古物商又は古物市場主に共通して利用させるものとして定めた様式を、国家公安委員会が定めるところにより、法第11条第２項の行商従業者証又は法第12条の標識の様式として承認することができる。

２　前項の規定による承認をした国家公安委員会又は公安委員会は、当該承認をした様式を当該承認に係る団体の名称、住所及び所在地とともに官報により公示しなければならない。承認を取り消したときも、同様とする。

（他事記載の禁止）

第13条　法第11条第２項の行商従業者証又は法第12条の標識には、犯罪の防止又はその被害の迅速な回復に特に資すると認められる場合を除き、第10条又は第11条の規定により表示することとされている文字又は標章以外の文字又は標章を、記載、はり付けその他の方法により表示してはならない。

（氏名等の閲覧）

第13条の２　法第12条第２項の国家公安委員会規則で定める場合は、次の各号のいずれかに該当する場合とする。

⑴　常時使用する従業者の数が５人以下である場合

⑵　当該古物商又は古物市場主が管理するウェブサイトを有していない場合

２　法第12条第２項の規定による公衆の閲覧は、当該古物商又は古物市場主のウェブサイトへの掲載により行うものとする。

（心身の故障により管理者の業務を適正に実施することができない者）

第13条の３　法第13条第２項第３号の国家公安委員会規則で定める者は、精神機能の障害により管理者の業務を適正に実施するに当たって必要な認知、判断及び意思疎通を適切に行うことができない者とする。

（管理者に得させる知識等）

第14条　法第13条第３項の国家公安委員会規則で定める知識、技術又は経験は、自動車、自動二輪車又は原動機付自転車を取り扱う営業所又は古物市場の管理者については、不正品の疑いがある自動車、自動二輪車又は原動機付自転車の車体、車台番号打刻部分等における改造等の有無並びに改造等がある場合にはその態様及び程度を判定するために必要とされる知識、技術又は経験であって、当該知識、技術又は経験を必要とする古物営業の業務に３年以上従事した者が通常有し、一般社団法人又は一般財団法人その他の団体が行う講習の受講その他の方法により得ることができるものとする。

（仮設店舗における営業の届出）

第14条の２　法第14条第１項ただし書の規定により公安委員会に届出をする場合においては、その場所（同条第２項の規定により当該届出を経由して行う場合にあっては、その経由する公安委員

会の管轄区域内の営業所の所在地（二以上の営業所を有する古物商にあっては、そのいずれか一の営業所の所在地））の所轄警察署長を経由して、仮設店舗において古物営業を営む日から3日前までに、別記様式第14号の2の仮設店舗営業届出書を提出しなければならない。

（確認の方法等）

第15条　法第15条第1項第1号の規定による確認は、身分証明書、運転免許証、国民健康保険被保険者証、行政手続における特定の個人を識別するための番号の利用等に関する法律（平成25年法律第27号）第2条第7項に規定する個人番号カードその他の相手方の住所、氏名及び年齢又は生年月日を証する資料（一を限り発行又は発給されたものに限る。以下「身分証明書等」という。）の提示を受け、又は相手方以外の者で相手方の身元を確かめるに足りるものに問い合わせることによりするものとする。

2　法第15条第1項第2号に規定する署名は、当該古物商又はその代理人、使用人その他の従業者（次項第10号及び第4項において「代理人等」という。）の面前において万年筆、ボールペン等により明瞭に記載されたものでなければならない。この場合において、古物商は、当該署名がされた文書に記載された住所、氏名、職業又は年齢が真正なものでない疑いがあると認めるときは、前項に規定するところによりその住所、氏名、職業又は年齢を確認するようにしなければならない。

3　法第15条第1項第4号の国家公安委員会規則で定める措置は、次のとおりとする。

⑴　相手方から、その住所、氏名、職業及び年齢の申出を受けるとともに、その印鑑登録証明書及び当該印鑑登録証明書に係る印鑑を押印した書面の送付を受けること。

⑵　相手方からその住所、氏名、職業及び年齢の申出を受け、並びにその者に対して、本人限定受取郵便物等（名あて人本人若しくは差出人の指定した名あて人に代わって受け取ることができる者に限り交付する取扱いをされる郵便物又は民間事業者による信書の送達に関する法律（平成14年法律第99号）第2条第6項に規定する一般信書便事業者若しくは同条第9項に規定する特定信書便事業者が送達する同条第3項に規定する信書便物（以下「信書便物」という。）をいう。以下同じ。）を送付し、かつ、その到達を確かめること。

⑶　相手方からその住所、氏名、職業及び年齢の申出を受け、並びにその者に対して金品を内容とする本人限定受取郵便物等を送付する方法により当該古物の代金を支払うことを約すること。

⑷　相手方からその住所、氏名、職業及び年齢の申出を受けるとともにその住民票の写し、住民票の記載事項証明書、戸籍の附票の写し又は印鑑登録証明書（以下「住民票の写し等」という。）の送付を受け、又は当該相手方の身分証明書等（住所、氏名及び年齢又は生年月日の情報が記録された半導体集積回路（半導体集積回路の回路配置に関する法律（昭和60年法律第43号）第2条第1項に規定する半導体集積回路をいう。以下この号及び第9号において同じ。）が組み込まれたものに限る。）に組み込まれた当該半導体集積回路に記録された当該情報若しくは本人確認用画像情報（当該相手方に当該古物商が提供するソフトウェアを使用して撮影をさせた当該相手方の身分証明書等の画像情報であって、当該身分証明書等に記載された住所、氏名及び年齢又は生年月日並びに当該身分証明書等の厚みその他の特徴を確認することができるものをいう。）の送信（当該本人確認用画像情報にあっては、当該ソフトウェアを使用した送信に限る。）を受け、並びに当該住民票の写し等に記載され、又は当該情報に記録された当該相手方の住所に宛てて配達記録郵便物等（引受け及び配達の記録をする取扱いをされる郵便物若しくは信書便物又はこれと同様の取扱いをされる貨物（貨物自動車運送事業法（平成元年

法律第83号）第3条の許可を受けた者その他の適法に貨物の運送の事業を行う者が運送するものに限る。）をいう。以下同じ。）で転送をしない取扱いをされるものを送付し、かつ、その到達を確かめること（当該本人確認用画像情報の送信を受ける場合にあっては、当該古物に係る法第16条の帳簿等又は電磁的方法（電子的方法、磁気的方法その他の人の知覚によって認識することができない方法をいう。以下同じ。）による記録とともに当該本人確認用画像情報を保存する場合に限る。）。

⑸　相手方からその住所、氏名、職業及び年齢の申出を受けるとともにその身分証明書等若しくは住民票の写し等のいずれか二の書類の写し（明瞭に表示されたものに限る。）の送付を受け、又は当該相手方の身分証明書等若しくは住民票の写し等の写し（明瞭に表示されたものに限る。）及び当該相手方の住所が記載された次に掲げる書類のいずれか（身分証明書等又は住民票の写し等を除き、領収日付の押印又は発行年月日の記載があるもので、その日が当該古物商が送付を受ける日前6月以内のものに限る。以下この号において「補完書類」という。）若しくはその写し（明瞭に表示されたものに限る。）の送付を受け、並びに当該相手方の身分証明書等若しくは住民票の写し等の写し又は当該補完書類若しくはその写しに記載された当該相手方の住所に宛てて配達記録郵便物等で転送をしない取扱いをされるものを送付し、かつ、その到達を確かめること（当該古物に係る法第16条の帳簿等又は電磁的方法による記録とともに当該身分証明書等若しくは住民票の写し等の写し又は当該補完書類若しくはその写しを保存する場合に限る。）。

イ　国税又は地方税の領収証書又は納税証明書

ロ　所得税法（昭和40年法律第33号）第74条第2項に規定する社会保険料の領収証書

ハ　公共料金（日本国内において供給される電気、ガス及び水道水その他これらに準ずるものに係る料金をいう。）の領収証書（当該相手方と同居する者のものを含む。）

ニ　イからハに掲げるもののほか、官公庁から発行され、又は発給された書類その他これに類するもので、当該相手方の住所及び氏名の記載があるもの（国家公安委員会が指定するものを除く。）

ホ　日本国政府の承認した外国政府又は権限ある国際機関の発行した書類その他これに類するもので、当該相手方の身分証明書等又は住民票の写し等に準ずるもの（当該相手方の住所及び氏名の記載があるものに限る。）

⑹　相手方からその住所、氏名、職業及び年齢の申出を受けるとともにその住民票の写し等の送付を受け、並びに当該住民票の写し等に記載されたその者の氏名を名義人の氏名とする預貯金口座への振込み又は振替の方法により当該古物の代金を支払うことを約すること。

⑺　相手方からその住所、氏名、職業及び年齢の申出を受けるとともにその身分証明書等の写し（明瞭に表示されたものに限る。）の送付を受け、当該身分証明書等の写しに記載されたその者の住所に宛てて配達記録郵便物等で転送をしない取扱いをされるものを送付し、かつ、その到達を確かめ、並びに当該身分証明書等の写しに記載されたその者の氏名を名義人の氏名とする預貯金口座への振込み又は振替の方法により当該古物の代金を支払うことを約すること（当該古物に係る法第16条の帳簿等又は電磁的方法による記録とともに当該身分証明書等の写しを保存する場合に限る。）。

⑻　相手方からその住所、氏名、職業及び年齢の申出を受けるとともに、当該古物商が提供する
　ソフトウェアを使用して、本人確認用画像情報（当該相手方に当該ソフトウェアを使用して撮
　影をさせた当該相手方の容貌及び身分証明書等（当該相手方の写真が貼り付けられたものに限
　る。以下この号及び次号において「写真付き身分証明書等」という。）の画像情報であって、
　当該写真付き身分証明書等に係る画像情報が、当該写真付き身分証明書等に記載された住所、
　氏名及び年齢又は生年月日、当該写真付き身分証明書等に貼り付けられた写真並びに当該写真
　付き身分証明書等の厚みその他の特徴を確認することができるものをいう。）の送信を受ける
　こと（当該古物に係る法第16条の帳簿等又は電磁的方法による記録とともに当該本人確認用画
　像情報（当該相手方の容貌の画像情報を除く。）を保存する場合に限る。）。

⑼　相手方からその住所、氏名、職業及び年齢の申出を受けるとともに、当該古物商が提供する
　ソフトウェアを使用して、本人確認用画像情報（当該相手方に当該ソフトウェアを使用して撮
　影をさせた当該相手方の容貌の画像情報をいう。）の送信を受け、並びに当該相手方から当該
　相手方の写真付き身分証明書等（住所、氏名、年齢又は生年月日及び写真の情報が記録された
　半導体集積回路が組み込まれたものに限る。）に組み込まれた当該半導体集積回路に記録され
　た当該情報の送信を受けること。

⑽　相手方からその住所、氏名、職業及び年齢の申出を受け、並びに当該相手方に、当該古物商
　又はその代理人等の面前において、器具を使用して当該相手方の氏名の筆記（当該氏名が電磁
　的方法により当該古物商の使用に係る電子計算機（入出力装置を含む。以下同じ。）の映像面
　に明瞭に表示されるようにして行うものに限る。）をさせること。この場合において、当該申
　出に係る住所、氏名、職業又は年齢が真正なものでない疑いがあると認めるときは、第１項に
　規定するところによりその住所、氏名、職業又は年齢を確認するようにしなければならない。

⑾　相手方から、電子署名等に係る地方公共団体情報システム機構の認証業務に関する法律（平
　成14年法律第153号。以下この号及び次号において「公的個人認証法」という。）第３条第６項
　又は第16条の２第６項の規定に基づき地方公共団体情報システム機構が発行した署名用電子証
　明書並びに公的個人認証法第２条第１項に規定する電子署名が行われた当該相手方の住所、氏
　名、職業及び年齢の電磁的方法による記録の提供を受けること（当該古物商が公的個人認証法
　第17条第４項に規定する署名検証者である場合に限る。）。

⑿　相手方から、公的個人認証法第17条第１項第５号に掲げる内閣総理大臣及び総務大臣の認定
　を受けた者であって、同条第４項に規定する署名検証者である者が発行し、かつ、当該認定を
　受けた者が行う特定認証業務（電子署名及び認証業務に関する法律（平成12年法律第102号。
　以下この号において「電子署名法」という。）第２条第３項に規定する特定認証業務をいう。）
　の用に供する電子証明書（当該相手方に係る利用者（電子署名法第２条第２項に規定する利用
　者をいう。）の真偽の確認が、電子署名及び認証業務に関する法律施行規則（平成13年総務省・
　法務省・経済産業省令第２号）第５条第１項各号に規定する方法により行われて発行されるも
　のに限る。）並びに電子署名法第２条第１項に規定する電子署名が行われた当該相手方の住所、
　氏名、職業及び年齢の電磁的方法による記録の提供を受けること。

⒀　法第15条第１項第１号から第３号まで又は前各号に掲げる措置をとった者に対し識別符号
　（不正アクセス行為の禁止等に関する法律（平成11年法律第128号）第２条第３項に規定する識

別符号をいう。）を付し、その送信を受けることその他のこれらの規定に掲げる措置をとった者を識別でき、かつ、その者に第三者がなりすますことが困難な方法により、相手方についてこれらの規定に掲げる措置を既にとっていることを確かめること。

4　古物市場主は、古物市場において取引をしようとする者について、許可証、行商従業者証その他の証明書により、古物商又はその代理人等であることを確かめるようにしなければならない。

（確認等の義務を免除する古物等）

第16条　法第15条第２項第１号の国家公安委員会規則で定める金額は、１万円とする。

2　法第15条第２項第１号の国家公安委員会規則で定める古物は、次の各号に該当する古物とする。

⑴　自動二輪車及び原動機付自転車（これらの部分品（ねじ、ボルト、ナット、コードその他の汎用性の部分品を除く。）を含む。）

⑵　専ら家庭用コンピュータゲームに用いられるプログラムを記録した物

⑶　光学的方法により音又は影像を記録した物

⑷　書籍

（帳簿等）

第17条　古物商又は古物市場主が法第16条又は法第17条の規定により記載をする帳簿の様式は、それぞれ別記様式第15号及び別記様式第16号のとおりとする。

2　法第16条の国家公安委員会規則で定める帳簿に準ずる書類は、次の各号のいずれかに該当する書類とする。

⑴　法第16条又は法第17条の規定により記載すべき事項を当該営業所又は古物市場における取引の順に記載することができる様式の書類

⑵　取引伝票その他これに類する書類であって、法第16条又は法第17条の規定により記載すべき事項を取引ごとに記載することができる様式のもの

3　古物商又は古物市場主は、法第16条又は法第17条の規定により前項第２号に掲げる書類に記載をしたときは、当該書類を当該営業所又は古物市場における取引の順にとじ合わせておかなければならない。

（帳簿等への記載等の義務を免除する古物）

第18条　法第16条ただし書の国家公安委員会規則で定める古物は、次の各号に該当する古物以外の古物とする。

⑴　美術品類

⑵　時計・宝飾品類

⑶　自動車（その部分品を含む。）

⑷　自動二輪車及び原動機付自転車（これらの部分品（対価の総額が第16条第１項で定める金額未満で取引されるものを除く。）を含む。）

2　法第16条第４号の国家公安委員会規則で定める古物は、自動車である古物とする。

（電磁的方法による保存に係る基準）

第19条　法第18条の規定により法第16条又は法第17条の電磁的方法による記録を保存する場合には、国家公安委員会が定める基準を確保するよう努めなければならない。

第19条の2　削除

（記録の作成及び保存）

第19条の3　古物競りあっせん業者は、古物の売買をしようとする者のあっせんを行ったときは、次に掲げる事項について、書面又は電磁的方法による記録を作成するよう努めなければならない。

  ⑴　あっせんに係る古物に関する事項を電気通信回線に接続して行う自動公衆送信により公衆の閲覧に供した年月日

  ⑵　あっせんに係る古物に関する事項及びあっせんの相手方を識別するための文字、番号、記号その他の符号であって、電気通信回線に接続して行う自動公衆送信により公衆の閲覧に供したもの

  ⑶　あっせんの相手方が当該古物競りあっせん業者によるあっせんのため当該古物競りあっせん業者が記録することに同意した上であらかじめ申し出た事項であって、当該相手方の真偽の確認に資するもの

2　古物競りあっせん業者は、前項の記録を作成の日から1年間保存するよう努めなければならない。

（古物競りあっせん業者に係る認定の申請）

第19条の4　法第21条の5第1項の認定を受けようとする古物競りあっせん業者は、営業の本拠となる事務所の所在地を管轄する公安委員会に、次に掲げる事項を記載した認定申請書を提出しなければならない。

  ⑴　氏名又は名称及び住所又は居所並びに法人にあっては、その代表者の氏名

  ⑵　第9条の2第4項各号に掲げる事項

  ⑶　営業を開始した日

2　前項の認定申請書の様式は、別記様式第16号の2のとおりとする。

3　第1項の規定により認定申請書を提出する場合においては、営業の本拠となる事務所の所在地の所轄警察署長を経由して、1通の認定申請書を提出しなければならない。

4　第1項の認定申請書には、次の各号に掲げる書類を添付しなければならない。

  ⑴　申請者が個人である場合には、次に掲げる書類

    イ　最近5年間の略歴を記載した書面

    ロ　次条第2号から第6号までに掲げる者のいずれにも該当しないことを誓約する書面

  ⑵　申請者が法人である場合には、次に掲げる書類

    イ　業務を行う役員に係る第9条の2第3項第1号に掲げる書類

    ロ　業務を行う役員に係る前号に掲げる書類

  ⑶　業務の実施の方法が第19条の6に規定する基準に適合することを説明した書類

（古物競りあっせん業者に係る認定の申請の欠格事由）

第19条の5　次の各号のいずれかに該当する者は、法第21条の5第1項の認定を申請することができない。

  ⑴　営業を開始した日から2週間を経過しない者

  ⑵　刑法第2編第36章から第39章まで若しくは法又はこれらに相当する外国の法令に規定する罪を犯して罰金以上の刑（これに相当する外国の法令による刑を含む。）に処せられ、その執行を終わり、又は執行を受けることのなくなった日から起算して5年を経過しない者

⑶　法第4条第3号又は第4号に掲げる者

⑷　法第23条若しくは第24条の規定又はこれらに相当する外国の法令の規定による処分を受け、当該処分の日から起算して5年を経過しない者（当該処分を受けた者が法人である場合においては、当該処分に係る聴聞の期日若しくは場所が公示された日若しくは弁明の機会の付与の通知がなされた日又はこれらに相当する外国の法令の規定に基づく手続が行われた日前60日以内に当該法人の業務を行う役員であった者で当該処分の日から起算して5年を経過しないものを含む。）

⑸　法第24条第1項の規定による許可の取消しに係る聴聞の期日及び場所が公示された日から当該取消しをする日若しくは当該取消しをしないことを決定する日までの間又はこれらに相当する外国の法令の規定に基づく手続に係る期間内に法第8条第1項第1号の規定による許可証の返納をした者（その古物営業の廃止について相当な理由がある者を除く。）又はこれに相当する外国の法令の規定に基づく手続を行った者で、当該返納の日又は当該手続を行った日から起算して5年を経過しないもの

⑹　第19条の10第1項又は第19条の14第1項の規定により認定を取り消され、当該取消しの日から起算して2年を経過しない者（認定を取り消された者が法人である場合においては、当該取消しに係る聴聞の期日又は場所が公示された日前60日以内に当該法人の業務を行う役員であった者で当該取消しの日から起算して5年を経過しないものを含む。）

⑺　法人で、その業務を行う役員のうちに前5号のいずれかに該当する者があるもの

（盗品等の売買の防止等に資する方法の基準）

第19条の6　法第21条の5第1項の国家公安委員会が定める盗品等の売買の防止及び速やかな発見に資する方法の基準は、次のとおりとする。

⑴　古物の売却をしようとする者からのあっせんの申込みを受けようとするときに、当該者が本人の名義の預貯金口座からの振替の方法により料金の支払を行うことを当該預貯金口座が開設されている金融機関等（犯罪による収益の移転防止に関する法律第2条第2項第1号から第38号までに掲げる者をいう。）が承諾していることを確かめること、当該者から申出を受けたカード番号及び有効期限に係る本人の名義のクレジットカードを使用する方法により料金の支払を受けることができ、かつ、当該クレジットカードを発行した者があらかじめ当該者について登録している情報と当該者から申出を受けた情報に齟齬がないことを確かめることその他これらに準ずる措置であって人が他人になりすまして古物の売却をすることを防止するためのものを講ずること。

⑵　古物の売却をしようとする者から申出を受けた電子メールアドレスあてに電子メールを送信し、その到達を確かめること。

⑶　古物の売却をしようとする者に対して、製造番号その他の当該古物を特定するに足りる事項を古物競りあっせん業者に電気通信回線に接続して行う自動公衆送信により公衆の閲覧に供させるため送信することを勧奨すること。

⑷　盗品等である古物に関する事項が電気通信回線に接続して行う自動公衆送信により公衆の閲覧に供されている旨を古物競りあっせん業者に通報するための専用の連絡先に関する事項を、古物の売買を希望する者が容易に閲覧できるように電気通信回線に接続して行う自動公衆送信

により公衆の閲覧に供すること。

⑸　前号の通報をした者の連絡先が明らかな場合にあっては、当該通報を受けてとった措置（措置をとらないこととした場合はその旨）を当該通報をした者に通知すること。

⑹　営業時間外において警視総監若しくは道府県警察本部長又は警察署長（以下「警察本部長等」という。）から連絡があった場合において、当該連絡のあったことを15時間以内に了知するための措置を講じていること。

⑺　盗品等である古物のあっせんの申込みを禁止すること。

⑻　次に掲げる事項をあっせんの相手方が容易に閲覧できるように電気通信回線に接続して行う自動公衆送信により公衆の閲覧に供すること。

　　イ　盗品等を買い受けた場合には、被害者又は遺失主による盗品又は遺失物の回復の請求が行われることがあること。

　　ロ　盗品等については、刑事訴訟法（昭和23年法律第131号）の規定により押収を受けることがあること。

⑼　古物競りあっせん業（日本国内に在る者をあっせんの相手方とするものに限る。）を外国において営む者（以下「外国古物競りあっせん業者」という。）にあっては、日本国内に住所又は居所を有する者のうちから警察本部長等との連絡の担当者（以下「連絡担当者」という。）１人を選任すること。

　　（古物競りあっせん業者に係る認定の通知等）

第19条の7　公安委員会は、法第21条の５第１項の認定をしたときは、書面をもって、申請者にその旨を通知するとともに、その旨を官報により公示しなければならない。

2　公安委員会は、法第21条の５第１項の認定をしないときは、理由を付した書面をもって、申請者にその旨を通知しなければならない。

　　（認定古物競りあっせん業者に係る表示）

第19条の8　法第21条の５第２項の規定による表示は、別記様式第16号の３により行うものとする。

2　前項の規定による表示は、古物の売買を希望する者が容易に閲覧できるように電気通信回線に接続して行う自動公衆送信により公衆の閲覧に供する方法により行うものとする。

　　（認定古物競りあっせん業者に係る変更の届出）

第19条の9　法第21条の５第１項の認定を受けた古物競りあっせん業者（以下「認定古物競りあっせん業者」という。）は、業務を行う役員を新たに選任したときは、当該役員に係る第19条の４第４項第２号に掲げる書類を法第10条の２第２項の規定により提出する届出書に添付しなければならない。

2　認定古物競りあっせん業者は、第19条の４第４項第３号に掲げる書類に記載した事項に変更があったときは、当該変更に係る変更年月日及び変更事項を記載した届出書を公安委員会に提出しなければならない。

3　前項の届出書の様式は、別記様式第16号の４のとおりとする。

4　第２項の規定により公安委員会に届出書を提出する場合においては、営業の本拠となる事務所の所在地の所轄警察署長を経由して、変更の日から14日以内に、１通の届出書を提出しなければ

ならない。

5　第2項の届出書には、変更後の事項を記載した第19条の4第4項第3号に掲げる書類を添付しなければならない。

（認定古物競りあっせん業者に係る認定の取消し）

第19条の10　公安委員会は、認定古物競りあっせん業者が次の各号のいずれかに該当するときは、その認定を取り消すことができる。

⑴　偽りその他不正の手段により法第21条の5第1項の認定を受けたとき。

⑵　第19条の5第2号から第5号まで又は第7号のいずれかに該当するに至ったとき。

⑶　第19条の6各号のいずれかに適合しなくなったとき。

⑷　法第21条の5第3項の規定に違反し、又はその認定に係る古物競りあっせん業に関し他の法令の規定に違反したとき。

⑸　法第21条の7の規定による命令に違反したとき。

2　公安委員会は、前項の規定により認定を取り消したときは、その旨を官報により公示しなければならない。

（外国古物競りあっせん業者に係る認定の申請）

第19条の11　法第21条の6第1項の認定を受けようとする外国古物競りあっせん業者は、連絡担当者の住所又は居所を管轄する公安委員会に、次に掲げる事項を記載した認定申請書を提出しなければならない。

⑴　氏名又は名称及び住所又は居所並びに法人にあっては、その代表者の氏名

⑵　営業の本拠となる事務所その他の事務所の名称及び所在地

⑶　法人にあっては、その役員の氏名及び住所

⑷　営業を示すものとして使用する名称

⑸　あっせんの相手方から送信された古物に関する事項及びその買受けの申出に係る金額に係る自動公衆送信の送信元識別符号

⑹　営業を開始した日

⑺　連絡担当者の氏名及び住所又は居所

2　前項の認定申請書の様式は、別記様式第16号の5のとおりとする。

3　第1項の規定により認定申請書を提出する場合においては、連絡担当者の住所又は居所の所轄警察署長を経由して、1通の認定申請書を提出しなければならない。

4　第1項の認定申請書には、次の各号に掲げる書類を添付しなければならない。

⑴　申請者が個人である場合には、次に掲げる書類

　イ　住民票の写しに代わる書面

　ロ　最近5年間の略歴を記載した書面

　ハ　次条において準用する第19条の5第2号から第6号までに掲げる者のいずれにも該当しないことを誓約する書面

⑵　申請者が法人である場合には、次に掲げる書類

　イ　定款及び登記事項証明書に相当する書類

　ロ　業務を行う役員に係る前号に掲げる書類

⑶　あっせんの相手方から送信された古物に関する事項及びその買受けの申出に係る金額に係る自動公衆送信の送信元識別符号を使用する権限のあることを疎明する資料

⑷　業務の実施の方法が第19条の6に規定する基準に適合することを説明した書類

（準用）

第19条の12　第19条の5及び第19条の7の規定は法第21条の6第1項の認定について、第19条の8の規定は当該認定を受けた外国古物競りあっせん業者（以下「認定外国古物競りあっせん業者」という。）について準用する。この場合において、第19条の8第1項中「法第21条の5第2項」とあるのは、「法第21条の6第2項において準用する法第21条の5第2項」と読み替えるものとする。

（認定外国古物競りあっせん業者に係る廃止等の届出）

第19条の13　認定外国古物競りあっせん業者は、次の各号に掲げる場合には、遅滞なく、公安委員会（公安委員会の管轄区域を異にして連絡担当者の住所又は居所を変更したときは、変更後の連絡担当者の住所又は居所を管轄する公安委員会）に、当該各号に掲げる事項を記載した届出書を提出しなければならない。

⑴　その認定に係る古物競りあっせん業を廃止したとき。　廃止年月日及びその旨

⑵　第19条の11第1項各号に掲げる事項に変更があったとき。　当該変更に係る変更年月日及び変更事項

⑶　第19条の11第4項第4号に掲げる書類に記載した事項に変更があったとき。　当該変更に係る変更年月日及び変更事項

2　前項の届出書の様式は、その認定に係る古物競りあっせん業を廃止した場合の届出に係る届出書にあっては別記様式第16号の6、第19条の11第1項各号に掲げる事項に変更があった場合の届出に係る届出書にあっては別記様式第16号の7、同条第4項第4号に掲げる書類に記載した事項に変更があった場合の届出に係る届出書にあっては別記様式第16号の8のとおりとする。

3　第1項の規定により届出書を提出する場合においては、連絡担当者の住所又は居所の所轄警察署長を経由して、1通の届出書を提出しなければならない。

4　第19条の11第1項各号に掲げる事項に変更があった場合の届出に係る届出書には、同条第4項第1号から第3号までに掲げる書類のうち当該変更事項に係る書類を、同項第4号に掲げる書類に記載した事項に変更があった場合の届出に係る届出書には、変更後の事項を記載した同号に掲げる書類を添付しなければならない。

（認定外国古物競りあっせん業者に係る認定の取消し）

第19条の14　公安委員会は、認定外国古物競りあっせん業者が次の各号のいずれかに該当するときは、その認定を取り消すことができる。

⑴　偽りその他不正の手段により法第21条の6第1項の認定を受けたとき。

⑵　第19条の12において準用する第19条の5第2号から第5号まで又は第7号のいずれかに該当するに至ったとき。

⑶　第19条の6各号のいずれかに適合しなくなったとき。

⑷　警察本部長等が法第22条第4項において準用する同条第3項の規定により認定外国古物競りあっせん業者から報告を求めた場合において、その報告がされず、又は虚偽の報告がされた

とき。

2　第19条の10第２項の規定は、前項の規定により認定を取り消したときについて準用する。

（競りの中止の命令の方法）

第19条の15　法第21条の７の規定による命令は、別記様式第16号の９の競りの中止命令書により行うものとする。

（証票）

第20条　法第22条第２項に規定する証票の様式は、別記様式第16号の10のとおりとする。

（国家公安委員会規則で定める者）

第21条　法第26条の国家公安委員会規則で定める者は、古物商、古物市場主若しくは古物競りあっせん業者又はこれらの者を直接若しくは間接の構成員とする団体からの盗品等に関する情報についての照会に対し回答する業務（以下「回答業務」という。）を適正かつ確実に実践することができると認められるものとして第23条の承認を受けた法人その他の団体（以下「盗品売買等防止団体」という。）とする。

（盗品売買等防止団体に係る承認の申請）

第22条　次条の承認を受けようとする法人その他の団体は、次に掲げる事項を記載した承認申請書を回答業務の本拠となる事務所の所在地を管轄する公安委員会に提出しなければならない。

　⑴　名称及び住所並びに代表者の氏名

　⑵　回答業務を実施する事務所の名称及び所在地

2　前項の承認申請書の様式は、別記様式第16号の11のとおりとする。

3　第１項の承認申請書には、次の各号に掲げる書類を添付しなければならない。

　⑴　定款又はこれに相当する書類（以下「定款等」という。）

　⑵　役員に係る最近５年間の略歴を記載した書面及び住民票の写し

　⑶　役員に係る次条第２号イ又はロに掲げる者のいずれにも該当しないことを誓約する書面

　⑷　資産の総額及び種類を記載した書面並びにこれを証する書面

　⑸　申請の日の属する事業年度及び翌事業年度（事業年度の定めのない法人その他の団体にあっては、申請の日から２年間）における回答業務に関する事業計画書及び収支予算書

　⑹　回答業務の実施に関する規程（以下「業務規程」という。）

　⑺　回答業務に関して知り得た情報の適正な管理及び使用に関する規程（以下「情報管理規程」という。）

4　業務規程で定めるべき事項は、次のとおりとする。

　⑴　回答業務の実施の方法に関する事項

　⑵　回答業務を利用する者の範囲に関する事項

　⑶　回答業務を実施する時間及び休日に関する事項

　⑷　前各号に掲げるもののほか、回答業務の実施に関し必要な事項

5　情報管理規程で定めるべき事項は、次のとおりとする。

　⑴　回答業務に関して知り得た情報の適正な管理及び使用に関する職員の意識の啓発及び教育に関する事項

　⑵　回答業務に関して知り得た情報の管理及び使用に係る事務を統括管理する者の指定に関する

事項

⑶　回答業務に関して知り得た情報の記録された物の紛失、盗難及びき損を防止するための措置に関する事項

⑷　前各号に掲げるもののほか、回答業務に関して知り得た情報の適正な管理又は使用を図るため必要な措置に関する事項

（盗品売買等防止団体に係る承認）

第23条　公安委員会は、前条第1項の規定による承認申請書の提出があった場合において、その申請に係る法人その他の団体が次の各号のいずれにも適合するものであると認めるときは、その承認をするものとする。

⑴　定款等において回答業務を実施する旨の定めがあること。

⑵　役員のうちに次のいずれかに該当する者がないこと。

　イ　法第4条第1号から第7号までのいずれかに該当する者

　ロ　精神機能の障害により回答業務を適正に実施するに当たって必要な認知、判断及び意思疎通を適切に行うことができない者

⑶　回答業務を適正かつ確実に実施するために必要な業務規程及び情報管理規程が定められていること。

⑷　前各号に掲げるもののほか、回答業務を適正かつ確実に実施することができると認められるものであること。

（盗品売買等防止団体に係る承認の通知等）

第24条　公安委員会は、前条の承認をしたときは、書面をもって、申請者にその旨を通知するとともに、その旨を官報により公示しなければならない。

2　公安委員会は、前条の承認をしないときは、理由を付した書面をもって、申請者にその旨を通知しなければならない。

（盗品売買等防止団体に係る名称等の変更の届出）

第25条　盗品売買等防止団体は、第22条第1項各号に掲げる事項を変更しようとするときは、あらかじめ、変更しようとする年月日及び変更しようとする事項を記載した変更届出書を公安委員会（公安委員会の管轄区域を異にして回答業務の本拠となる事務所を変更したときは、変更後の回答業務の本拠となる事務所の所在地を管轄する公安委員会）に提出しなければならない。

2　前項の変更届出書の様式は、別記様式第16号の12のとおりとする。

3　公安委員会は、第1項の規定による変更届出書の提出があったときは、変更しようとする年月日及び変更しようとする事項を官報により公示しなければならない。

4　盗品売買等防止団体は、第22条第3項第1号から第4号までに掲げる書類に記載した事項に変更があったときは、当該変更の日から14日以内に、変更後の事項を記載した書類を公安委員会に提出しなければならない。

5　盗品売買等防止団体は、業務規程又は情報管理規程を変更しようとするときは、あらかじめ、公安委員会の認可を受けなければならない。

（盗品売買等防止団体に係る事業報告等）

第26条　盗品売買等防止団体は、第23条の承認を受けた日の属する事業年度を除き、毎事業年度（事業年度の定めのない盗品売買等防止団体にあっては、毎年4月1日から翌年3月31日まで。以下同じ。）の開始前に、翌事業年度における回答業務に関する事業計画書及び収支予算書を公安委員会に提出しなければならない。これを変更しようとするときも、同様とする。

2　盗品売買等防止団体は、毎事業年度経過後3月以内に、前事業年度における回答業務に関する事業報告書及び収支計算書を公安委員会に提出しなければならない。

3　公安委員会は、盗品売買等防止団体の回答業務の適正かつ確実な実施を確保するため必要があると認めるときは、盗品売買等防止団体に対し、回答業務に関し必要な報告又は資料の提出を求めることができる。

（盗品売買等防止団体に係る是正又は改善の勧告）

第27条　公安委員会は、盗品売買等防止団体がこの規則の規定に違反したとき、又は盗品売買等防止団体の回答業務の運営に関し改善が必要であると認めるときは、盗品売買等防止団体に対し、その是正又は改善のため必要な措置をとるべきことを勧告することができる。

（回答業務の廃止の届出）

第28条　盗品売買等防止団体は、回答業務を廃止しようとするときは、廃止の理由及び時期を記載した廃止届出書を公安委員会に提出しなければならない。

2　前項の廃止届出書の様式は、別記様式第16号の13のとおりとする。

3　公安委員会は、第1項の規定による廃止届出書の提出があったときは、その旨を官報により公示しなければならない。

（盗品売買等防止団体に係る承認の取消し）

第29条　公安委員会は、盗品売買等防止団体が次の各号のいずれかに該当するときは、その承認を取り消すことができる。

⑴　偽りその他不正の手段により第23条の承認を受けたとき。

⑵　第23条各号のいずれかに適合しなくなったとき。

⑶　公安委員会が第26条第3項の規定により盗品売買等防止団体から報告又は資料の提出を求めた場合において、その報告若しくは資料の提出がされず、又は虚偽の報告若しくは資料の提出がされたとき。

⑷　第27条の規定による勧告があったにもかかわらず、当該勧告に係る措置を講じていないと認められるとき。

2　公安委員会は、前項の規定により盗品売買等防止団体の承認を取り消したときは、その旨を官報により公示しなければならない。

（盗品売買等防止団体に対し提供を行う情報）

第30条　公安委員会が法第26条の規定により盗品売買等防止団体に対し提供を行う情報は、盗品等に関する情報のうち、盗品等に付された番号、記号その他の符号とする。

（国家公安委員会への報告事項等）

第31条　法第27条第1項の国家公安委員会規則で定める事項は、次の表の上段に掲げる場合の区分に応じ、それぞれ同表の下欄に掲げる事項とする。

報告する場合	事項
1　法第3条の規定による許可をした場合	⑴　法第5条第1項各号に掲げる事項 ⑵　許可の種類（古物商又は古物市場主の別。以下同じ。） ⑶　許可年月日 ⑷　許可証番号
2　法第5条第4項の規定による許可証の再交付をした場合	⑴　法第5条第1項各号に掲げる事項 ⑵　許可の種類 ⑶　許可年月日 ⑷　許可証番号 ⑸　許可証の再交付年月日
3　法第6条第1項又は第2項の規定による許可の取消しをした場合	⑴　法第5条第1項各号に掲げる事項 ⑵　許可の種類 ⑶　許可年月日 ⑷　許可証番号 ⑸　許可の取消しの年月日 ⑹　許可の取消しの事由
4　法第7条第1項又は第2項の規定による届出書の提出を受けた場合	⑴　法第5条第1項各号に掲げる事項 ⑵　許可の種類 ⑶　許可年月日 ⑷　許可証番号 ⑸　変更年月日（法第7条第1項の規定による届出書の提出を受けた場合にあっては、変更予定年月日） ⑹　変更事項
5　法第8条第1項又は第3項の規定による許可証の返納を受けた場合	⑴　法第5条第1項各号に掲げる事項 ⑵　許可の種類 ⑶　許可年月日 ⑷　許可証番号 ⑸　許可証の返納を受けた年月日 ⑹　返納理由
6　法第10条第1項の規定による届出を受けた場合	⑴　法第5条第1項各号に掲げる事項 ⑵　許可年月日 ⑶　許可証番号 ⑷　競り売りをしようとする日時及び場所
7　法第10条第3項の規定による届出を受けた場合	⑴　法第5条第1項各号に掲げる事項 ⑵　許可年月日 ⑶　許可証番号

	⑷　売却する古物に関する事項に係る自動公衆送信の送信元識別符号
	⑸　競り売りをしようとする期間
8　法第14条第1項ただし書の規定による届出を受けた場合	⑴　法第5条第1項各号に掲げる事項
	⑵　許可年月日
	⑶　許可証番号
	⑷　仮設店舗において古物営業を営む日時及び場所
9　法第23条又は第24条の規定による処分をした場合	⑴　法第5条第1項各号に掲げる事項
	⑵　許可の種類
	⑶　許可年月日
	⑷　許可証番号
	⑸　処分年月日
	⑹　処分の事由
	⑺　処分の種別及び内容

2　法27条第2項の国家公安委員会規則で定める事項は、次に掲げる事項とする。

⑴　法第5条第1項各号に掲げる事項

⑵　許可の種類

⑶　許可年月日

⑷　許可証番号

⑸　当該違反行為をし、又は当該処分に違反した者に関する事項

⑹　当該違反行為をし、又は当該処分に違反した年月日

⑺　当該違反行為又は当該処分に違反した行為の内容

附　則　〔略〕

別記様式第1号（第1条の3関係）

その1

古物商　許可申請書
古物市場主

古物営業法第5条第1項の規定により許可を申請します。

年　月　日

公安委員会　殿

申請者の氏名又は名称及び住所

許可の種類	1. 古物商　2. 古物市場主
氏又名称は名称	
（ふりがな）	
法人等の種別	1. 株式会社　2. 有限会社　3. 合名会社　4. 合資会社　5. その他法人　6. 個人
生年月日	年　月　日
住又は居所所	電話（　　）　　　―　　　番

行商をしようとする者であるかどうかの別	1. する　2. しない
主として取り扱おうとする古物の区分	01 美術品類　02 衣類　03 時計・宝飾品類　04 自動車 05 自動二輪車・原動機付自転車　06 自転車類　07 写真機類 08 事務機器類　09 機械工具類　10 道具類　11 皮革・ゴム製品類 12 書籍　13 金券類

代表者等	1. 代表者　2. 役員　3. 法定代理人
（ふりがな）	
氏名	
生年月日	年　月　日
住所	電話（　　）　　　―　　　番

その2

形態	1. 営業所あり　2. 営業所なし　3. 古物市場
営業所又は古物市場	
名称	
（ふりがな）	
所在地	（住所又は居所と同じ場合は、記載を要しない。） 電話（　　）　　　―　　　番
取り扱う古物の区分	01 美術品類　02 衣類　03 時計・宝飾品類　04 自動車 05 自動二輪車・原動機付自転車　06 自転車類　07 写真機類 08 事務機器類　09 機械工具類　10 道具類　11 皮革・ゴム製品類 12 書籍　13 金券類
管理者	
（ふりがな）	
氏名	
生年月日	年　月　日
住所	電話（　　）　　　―　　　番

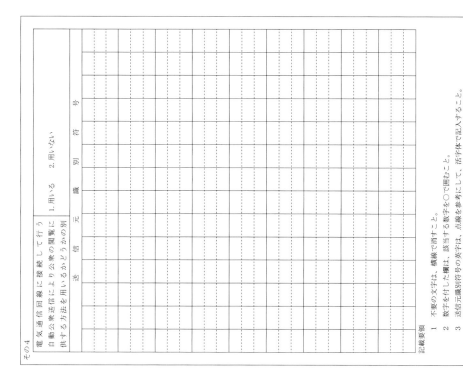

その４

電気通信回線に接続して行う
自動公衆送信により公衆の閲覧に
供する方法を用いるかどうかの別　　1. 用いる　　2. 用いない

送　信　元　識　別　符　号

記載要領

1　不要の文字は、横線で消すこと。
2　数字を付した欄は、該当する数字を○で囲むこと。
3　送信元識別符号の英字は、活字体で記入すること。
4　送信元識別符号のうち誤読されやすいものには、点線を参考にして、適宜ふりがなをふること。
5　所定の欄に記載し得ないときは、別紙に記載の上、これを添付すること。

備考　用紙の大きさは、日本産業規格Ａ４とすること。

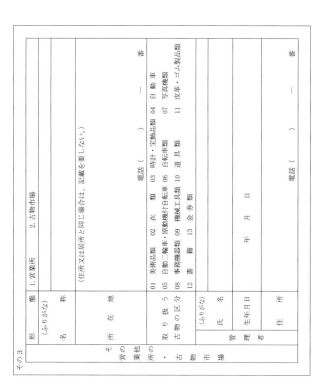

その３

形　態	1. 営業所　　　2. 古物市場	
（ふりがな）		
名　称		
所　在　地		
	（住所又は居所と同じ場合は、記載を要しない。）	
	電話（　　　）　　　－　　　番	

その他の営業所・古物市場の所在地

古物の取り扱う区分

01 美術品類	02 衣　類	03 時計・宝飾品類	04 自　動　車
05 自動二輪車・原動機付自転車	06 自転車類	07 写真機類	
08 事務機器類	09 機械工具類	10 道　具　類	11 皮革・ゴム製品類
12 書　籍	13 金　券　類		

管理者	（ふりがな）	
	氏　名	
	生年月日	年　　月　　日
	住　所	
		電話（　　　）　　　－　　　番

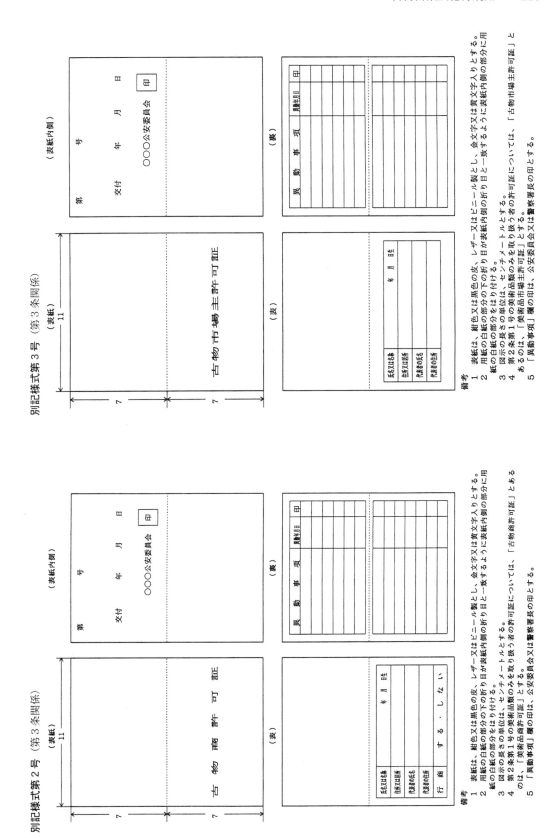

別記様式第3号 （第3条関係）

（表紙内側）

第　　　　　号

交付　　年　　月　　日

〇〇〇公安委員会　　㊞

（表紙）

11

7

7

古物市場主許可証

（表）

名称又は名称	
住所又は居所	
代表者の氏名	
代表者の住所	

年　月　日生

（裏）

異　動　事　項	購年月日	印

備考
1　表紙は、紺色又は黒色の皮、レザー又はビニール製とする。
2　用紙の白紙の部分の下の折り目が表紙内側の折り目と一致するように表紙内側の部分に用
　紙の白紙の部分をはり付ける。
3　図示の長さの単位は、センチメートルとする。
4　第2条第1号の美術品類のみを取り扱う者の許可証については、「古物市場主許可証」と
　あるのは、「美術品市場主許可証」とする。
5　「異動事項」欄の印は、公安委員会又は警察署長の印とする。

別記様式第2号 （第3条関係）

（表紙内側）

第　　　　　号

交付　　年　　月　　日

〇〇〇公安委員会　　㊞

（表紙）

11

7

7

古物商許可証

（表）

名称又は名称	
住所又は居所	
代表者の氏名	
代表者の住所	
行商　する・しない	

年　月　日生

（裏）

異　動　事　項	購年月日	印

備考
1　表紙は、紺色又は黒色の皮、レザー又はビニール製とし、金文字又は黄文字入りとする。
2　用紙の白紙の部分の下の折り目が表紙内側の折り目と一致するように表紙内側の部分に用
　紙の白紙の部分をはり付ける。
3　図示の長さの単位は、センチメートルとする。
4　第2条第1号の美術品類のみを取り扱う者の許可証については、「古物商許可証」とある
　のは、「美術品商許可証」とする。
5　「異動事項」欄の印は、公安委員会又は警察署長の印とする。

別記様式第5号（第5条関係）

変更届出書

古物営業法第7条第1項の規定により変更の届出をします。

年　月　日

公安委員会　殿

届出者の氏名又は名称及び住所

許可の種類	1.古物商　2.古物市場主
許可証番号	
許可年月日	年　月　日
（ふりがな）氏又は名称	
住所	

営業所又は古物市場に係る変更事項

変更予定年月日	年　月　日		
主たる営業所・古物市場	形態	1.営業所あり　2.営業所なし　3.古物市場	
	（ふりがな）名称		
	所在地	（住所又は居所と同じ場合は、記載を要しない。）	
		電話（　　　）　　　－　　　番	
その他の営業所・古物市場	形態	1.営業所　2.古物市場	
	（ふりがな）名称		
	所在地	（住所又は居所と同じ場合は、記載を要しない。）	
		電話（　　　）　　　－　　　番	

記載要領
1　「変更予定年月日」欄には、当該事項の変更予定年月日を記載すること。
2　数字を付した欄は、該当する数字を○で囲むこと。
3　所在地の欄に記載し得ないときは、別紙に記載の上、これを添付すること。

備考　用紙の大きさは、日本産業規格A4とすること。

別記様式第4号（第4条関係）

再交付申請書

古物営業法第5条第4項の規定により許可証の再交付を申請します。

年　月　日

公安委員会　殿

申請者の氏名又は名称及び住所

許可の種類	1.古物商　2.古物市場主
許可証番号	
許可年月日	年　月　日
（ふりがな）氏名又は名称	
生年月日	年　月　日
住所又は居所	電話（　　　）　　　－　　　番
代表者	（ふりがな）氏名
	住所　電話（　　　）　　　－　　　番
行商をする者であるかどうかの別	1.する　2.しない
再交付申請の理由	

記載要領　数字を付した欄は、該当する数字を○で囲むこと。

備考　用紙の大きさは、日本産業規格A4とすること。

その2

許 可 の 種 類	1. 古物商　2. 古物市場主
許 可 証 番 号	
許 可 年 月 日	年　　月　　日
（ふりがな）	
氏 名 又 は 名 称	

営業所又は古物市場に係る変更事項

変更事項のある営業所又は古物市場の名称	（ふりがな）

変 更 年 月 日	年　　月　　日
取 り 扱 う 古 物 の 区 分	01 美術品類　02 衣 類　03 時計・宝飾品類　04 自 動 車 05 自動二輪車・原動機付自転車　06 機械工具類　07 写真機類 08 事務機器類　09 機械工具類　10 道 具 類　11 皮革・ゴム製品類 12 書 籍　13 金 券 類

変 更 年 月 日	年　　月　　日
管理者	旧	（ふりがな）氏 名
	新	（ふりがな）氏 名
		住 所　　電話（　　）　　－　　番

別記様式第6号（第5条関係）

その1

変更届出書
書換申請書

古物営業法第7条第2項の規定により変更の届出をします。
古物営業法第7条第5項の規定により許可証の書換えを申請します。

年　　月　　日

　　　　　公安委員会　殿

届出（申請）者の氏名又は名称及び住所

許 可 の 種 類	1. 古物商　2. 古物市場主
許 可 証 番 号	
許 可 年 月 日	年　　月　　日
（ふりがな）	
氏 名 又 は 名 称	

変更・書換事項

変 更 年 月 日	年　　月　　日
（ふりがな）	
氏 名 又 は 名 称	
法 人 等 の 種 別	1. 株式会社　2. 有限会社　3. 合名会社　4. 合資会社　5. その他法人　6. 個人
住 所 又 は 居 所	電話（　　）　　－　　番
主として取り扱う古物の区分	行商をする者であるかどうかの別　1. する　2. しない
	01 美術品類　02 衣 類　03 時計・宝飾品類　04 自 動 車 05 自動二輪車・原動機付自転車　06 機械工具類　07 写真機類 08 事務機器類　09 機械工具類　10 道 具 類　11 皮革・ゴム製品類 12 書 籍　13 金 券 類（いずれか1つに○を付けること）

変 更 年 月 日	年　　月　　日
代表者等	旧	種 別　　1. 代表者　2. 役 員
		（ふりがな）氏 名
		生 年 月 日　　年　　月　　日
	新	種 別　　1. 代表者　2. 役 員
		（ふりがな）氏 名
		生 年 月 日　　年　　月　　日
		住 所　　電話（　　）　　－　　番

別記様式第7号　削除

その3

許 可 証 番 号		
許 可 年 月 日	年　　　月　　　日	
氏　名　又　は　名　称	（ふりがな）	
	名 称	

営業の方法に係る変更事項

電気通信回線に接続して行う自動公衆送信により公衆の閲覧に供する方法を用いるかどうかの別	1. 用いる　　2. 用いない					
	送 信 元 識 別 符 号					

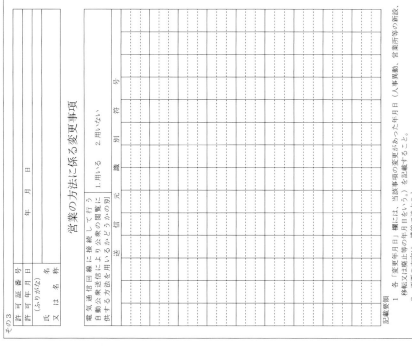

記載要領
1　各「変更年月日」欄には、当該事項の変更があった年月日（人事異動、営業所等の新設、移転又は廃止等の年月日をいう。）を記載すること。
2　不要の文字は、横線で消すこと。
3　数字を付した欄は、該当する数字を○で囲むこと。
4　送信元識別符号の英字は、活字体で記入すること。
5　送信元識別符号のうち誤読されやすいものには、適宜ふりがなをふること。
6　所定の欄に記載し得ないときは、別紙に記載の上、これを添付すること。

備考　用紙の大きさは、日本産業規格A4とすること。

別記様式第9号（第7条関係）

返納理由書

古物営業法第8条第1項の規定により許可証を返納します。
第3項

年　月　日

公安委員会　殿

届出者の氏名又は名称及び住所

許 可 の 種 類	1.古物商　2.古物市場主
許 可 証 番 号	
許 可 年 月 日	年　　月　　日
氏　　　　名 （ふりがな） 又 は 名 称	

返納理由の 発生年月日	年　　月　　日
返 納 理 由	1. 古物営業を廃止した。 2. 許可が取り消された。 3. 亡失した許可証を発見し、又は回復した。 4. 許可証の交付を受けた者が死亡した。 5. 許可証の交付を受けた法人が合併により消滅した。

記載要領
1　不要の文字は、横線で消すこと。
2　数字を付した欄は、該当する数字を○で囲むこと。

備考　用紙の大きさは、日本産業規格A4とすること。

別記様式第8号　削除

別記様式第10号の2　（第8条関係）

競り売り届出書

古物営業法第10条第3項の規定により競り売りの届出をします。

年　月　日

公安委員会　殿

届出者の氏名又は名称及び住所

許可証番号	
許可年月日	年　月　日
氏名又は名称	（ふりがな）
	氏名又は名称

送信元識別符号	
期間	
通信手段の種類	

記載要領
1　送信元識別符号の英字は、点線を参考にして、活字体で記入すること。
2　送信元識別符号のうち誤読されやすいものには、適宜ふりがなを付すること。

備考　用紙の大きさは、日本産業規格A4とすること。

別記様式第10号　（第8条関係）

競り売り届出書

古物営業法第10条第1項の規定により競り売りの届出をします。

年　月　日

公安委員会　殿

届出者の氏名又は名称及び住所

許可証番号	
許可年月日	年　月　日
氏名又は名称	（ふりがな）
	氏名又は名称

日時	
場所	

備考　用紙の大きさは、日本産業規格A4とすること。

別記様式第11号の2 （第9条の2関係）

その1

古物競りあっせん業者営業開始届出書

古物営業法第10条の2第1項の規定により届出をします。

　　　　　　　　　　　　　　　　　　　　　　　　　　年　月　日

　　　　　　　　公安委員会　殿

　　　　　　　　　　　　届出者の氏名又は名称及び住所

（ふりがな） 氏　名 又は名称	
住　所 又は居所	
	電話（　　）　　　－　　　番
代表者 種別	1.代表者　2.役員
（ふりがな） 氏　名	
住　所	
	電話（　　）　　　－　　　番
事務所 形態等	1.営業の本拠となる事務所　2.その他の事務所
（ふりがな） 名　称	
所在地	（住所又は居所と同じ場合は、記載を要しない。）

別記様式第11号　削除

別記様式第11号の3　（第9条の3関係）

廃止届出書

古物営業法第10条の2第2項の規定により届出をします。

　　　　　　　　　　　　　　　　　　年　月　日

公安委員会　殿

　　　　　　　　届出者の氏名又は名称及び住所

氏名又は名称	（ふりがな）
住所又は居所	
	電話（　　　）　　　－　　　番
法人にあっては、その代表者の氏名	（ふりがな）
営業を示すものとしての氏名	（ふりがな）
使用する名称	
廃止年月日	年　月　日

備考　用紙の大きさは、日本産業規格A4とすること。

その2

| 営業を示すものとして使用する名称 | （ふりがな） |

送信元識別符号

記載要領
1　数字を付した欄は、該当する数字を○で囲むこと。
2　送信元識別符号の英字は、点線を参考にして、活字体で記入すること。
3　送信元識別符号のうち誤読されやすいものには、適宜ふりがなをふること。
4　所定の欄に記載し得ないときは、別紙に記載の上、これを添付すること。

備考　用紙の大きさは、日本産業規格A4とすること。

別記様式第11号の4（第9条の3関係）

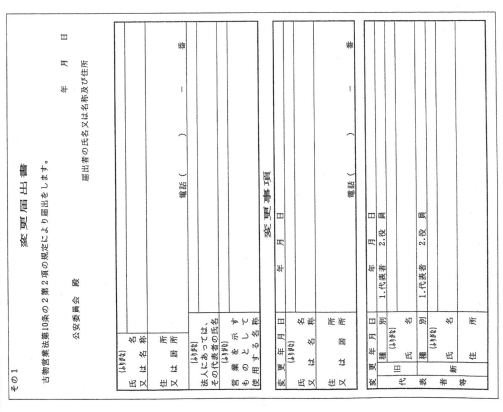

別記様式第12号（第10条関係）

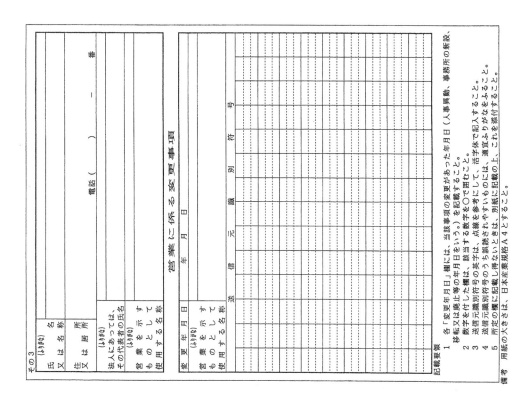

（表）

行商従業者証	
写真	氏名
	生年月日

5.5　　8.5

（裏）

古物商の氏名又は名称	
古物商の住所又は居所	
許可証番号	○○○公安委員会 第　　　号
主として取り扱う古物の区分	

備考
1　材質は、プラスチック又はこれと同程度以上の耐久性を有するものとすること。
2　図示の長さの単位はセンチメートルとする。
3　「氏名」及び「生年月日」欄には、行商をする代理人等の氏名及び生年月日を記載すること。
4　「写真」欄には、行商をする代理人等の写真（縦2.5センチメートル以上、横2.0センチメートル以上のもの）をはり付けること。

その3

氏名又は名称（ふりがな）	
住所又は居所	電話（　　）　　－　　　番
法人にあっては、その代表者の氏名（ふりがな）	
営業として表示するもの使用する名称	

営業に係る変更事項

変更年月日 年　月　日	営業として表示するもの使用する名称（ふりがな）	送信元識別符号

記載要領
1　各「変更年月日」欄には、当該事項の変更があった年月日（人事異動、事務所の新設、移転又は廃止等の年月日をいう。）を記載すること。
2　数字を付した欄は、該当する数字を○で囲むこと。
3　送信元識別符号の英字は、点線を参考にして、活字体で記入すること。
4　送信元識別符号のうち誤読されやすいものには、適宜ふりがなをふること。
5　所定の欄に記載し得ないときは、別紙に記載の上、これを添付すること。

備考　用紙の大きさは、日本産業規格A4とすること。

別記様式第14号 (第11条関係)

○○○公安委員会許可第　　号

○○○　市　場

備考
1　この様式は、古物市場主がその古物市場に掲示する標識の様式とする。
2　材質は、金属、プラスチック又はこれらと同程度以上の耐久性を有するものとする。
3　色は、紺色地に白文字とする。
4　番号は、許可証の番号とする。
5　図示の長さの単位は、センチメートルとする。
6　「○○○市場」の「○○○」の部分には、当該古物市場において取り扱う古物に係る第2条各号に定める区分(二以上の区分に係る古物を取り扱う場合は、主として取り扱う古物に係る区分)を記載すること。ただし、同条第1号の美術品については「美術品」、同条第3号の時計・宝飾品については「時計・宝飾品」、同条第5号の自動車については「自動車」、同条第6号の自動二輪車及び原動機付自転車については「オートバイ」、同条第7号の写真機類については「写真機」、同条第8号の事務機器類については「事務機器」、同条第9号の機械工具類については「機械工具」、同条第10号の道具類については「道具」、同条第11号の皮革・ゴム製品類については「皮革・ゴム製品」、同条第13号の金券類については「チケット」と記載するものとする。
7　下欄には、古物市場主の氏名又は名称を記載するものとする。

別記様式第13号 (第11条関係)

○○○公安委員会許可第　　号

○○○　商

備考
1　この様式は、古物商がその営業所又は仮設店舗に掲示する標識の様式とする。
2　材質は、金属、プラスチック又はこれらと同程度以上の耐久性を有するものとする。
3　色は、紺色地に白文字とする。
4　番号は、許可証の番号とする。
5　図示の長さの単位は、センチメートルとする。
6　「○○○商」の「○○○」の部分には、当該営業所又は仮設店舗において取り扱う古物に係る第2条各号に定める区分(二以上の区分に係る古物を取り扱う場合は、主として取り扱う古物に係る区分)を記載すること。ただし、同条第1号の美術品については「美術品」、同条第3号の時計・宝飾品については「時計・宝飾品」、同条第5号の自動車については「自動車」、同条第6号の自動二輪車及び原動機付自転車については「オートバイ」、同条第7号の写真機類については「写真機」、同条第8号の事務機器類については「事務機器」、同条第9号の機械工具類については「機械工具」、同条第10号の道具類については「道具」、同条第11号の皮革・ゴム製品類については「皮革・ゴム製品」、同条第13号の金券類については「チケット」と記載するものとする。
7　下欄には、古物商の氏名又は名称を記載するものとする。

別記様式第15号　（第17条関係）

	受　　入　　れ				払　　出　　し				
年月日	区分	取引した古物		相手方の真偽を確認するためにとった措置の区分（及び方法）	取　引　の　相　手　方				
		品目	特徴 数量		住　所	氏名 職業	年齢		

	払　　出　　し		
年月日	区分	取引の相手方	
		住　所	氏　名

備考
1　「受入れ」の「区分」欄には買受け又は委託の別を記載し、「払出し」の「区分」欄には売却、委託に基づく引渡し又は返還の別を記載すること。
2　「品目」欄は、一品ごとに記載すること。
3　「特徴」欄には、例えば、上衣、ズボン、衣類にあっては「上衣、シングル、鈴木のネーム入り、チョッキ、ねずみ色裏付き」のように記載し、時計にあっては「オメガ、何型、何番、文字板に傷あり」のように記載し、自動車にあっては自動車検査証に記載された自動車登録番号又は車両番号、車名、車台番号及び所有者の氏名又は名称さ記載され、又は記録の必要な事項を記載すること。
4　現に使用している帳簿に既に住所、氏名、職業及び年齢が記載してある者については、氏名以外の事項で異動のないものの記載は、省略することができる。

別記様式第14号の2　（第14条の2関係）

仮設店舗営業届出書

古物営業法第14条第1項ただし書の規定により仮設店舗における営業の届出をします。

年　月　日

公安委員会　殿

届出者の氏名又は名称及び住所

許　可　証　番　号	
許　可　年　月　日	年　月　日
（ふりがな） 氏　名 又　は　名　称	
1	日　時	
	場　所	
2	日　時	
	場　所	
3	日　時	
	場　所	
4	日　時	
	場　所	

備考　用紙の大きさは、日本産業規格A4とすること。

別記様式第16号の2　(第19条の4関係)

その1

古物競りあっせん業者認定申請書

古物営業法第21条の5第1項の規定により認定を申請します。

年　月　日

公安委員会　殿

申請者の氏名又は名称及び住所

氏　名 又は名称 （ふりがな）	
住　所 又は居所	
	電話（　　）　　－　　番
法人にあっては、 その代表者の氏名 （ふりがな）	
営業を示す ものとして 使用する名称 （ふりがな）	

別記様式第16号　(第17条関係)

年　月　日	売主の氏名	特　徴	数　量	品　目	売主の住所	買主の住所及び氏名

備考
1　「品目」欄は、一品ごとに記載することとし、同欄には、例えば、「紺サージ背広三つぞろい」、「金側腕時計」、「黒色軽自動車」のように、品名を記載すること。ただし、同一種類の製品で、区別しにくいものは、一括して記載することができる。
2　「特徴」欄には、例えば、衣類にあっては「上衣、シングル、時計にあっては「オメガ、何番、ねずみ色裏付き、ズボン、後ポケット色ふたなし、文字板に傷あり」のように記載し、自動車にあっては自動車検査証に記載され、又は記録された自動車登録番号又は車両番号、車名、車台番号及び所有者等の氏名又は名称等の必要な事項を記載すること。

別記様式第16号の３ （第19条の８関係）

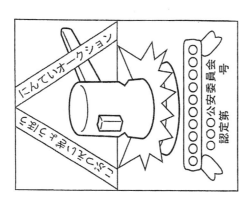

にんていオークション

じどうしゃ ぎじゅつ

○○○○○○○○○○
○○○公安委員会
認定第　　　号

備考
1　色彩は、適宜とする。
2　「○○○○○○○○○○」の部分には、認定に係る営業を示すものとして使用する名称を記載するものとする。
3　認定に係らない業務を認定に係る業務と誤認されるおそれがないように表示すること。

その２

送　　信　　元　　識　　別　　符　　号

営業を開始した日　　　年　　月　　日

記載要領
1　送信元識別符号の英字は、点線を参考にして、活字体で記入すること。
2　送信元識別符号のうち誤読されやすいものには、適宜ふりがなをふること。

備考　用紙の大きさは、日本産業規格Ａ４とすること。

別記様式第16号の5　（第19条の11関係）

その1

外国古物競りあっせん業者認定申請書

古物営業法第21条の6第1項の規定により認定を申請します。

年　月　日

公安委員会　殿

申請者の氏名又は名称及び住所

（ふりがな）		
氏名又は名称		
住所又は居所		
	電話（　　）　　－　　番	
代表者等	種別	1.代表者　2.役員
	（ふりがな）	
	氏名	
	住所	
事務所	形態	1.営業の本拠となる事務所　2.その他の事務所
	（ふりがな）	
	名称	
	所在地	（住所又は居所と同じ場合は、記載を要しない。）
		電話（　　）　　－　　番
営業を示すものとして使用する名称	（ふりがな）	

別記様式第16号の4　（第19条の9関係）

業務実施方法変更届出書

古物営業法施行規則第19条の9第2項の規定により届出をします。

年　月　日

公安委員会　殿

届出者の氏名又は名称及び住所

（ふりがな）		
氏名又は名称		
住所又は居所		
	電話（　　）　　－　　番	
法人にあっては、その代表者の氏名	（ふりがな）	
営業を示すものとして使用する名称	（ふりがな）	
変更年月日	年　月　日	
変更事項	新	旧

記載要領　所定の欄に記載し得ないときは、別紙に記載の上、これを添付すること。

備考　用紙の大きさは、日本産業規格A4とすること。

別記様式第16号の6（第19条の13関係）

廃止届出書

古物営業法施行規則第19条の13第1項の規定により届出をします。

　　　　　　　　　　　　　　　　年　月　日

公安委員会　殿

　　　　　　　届出者の氏名又は名称及び住所

（ふりがな）		
氏名又は名称		
住所又は居所		電話（　）　－　　番
（ふりがな） 法人にあっては、その代表者の氏名		
（ふりがな） 営業を示すものとして使用する名称		
廃止年月日		年　月　日

備考　用紙の大きさは、日本産業規格A4とすること。

その2

送信元識別符号							

営業を開始した日	年　月　日
連絡担当者	（ふりがな） 氏名
	住所又は居所
	電話（　）　－　　番

記載要領
1　数字を付した欄は、該当する数字を○で囲むこと。
2　送信元識別符号の英字は、点線を参考にして、活字体で記入すること。
3　送信元識別符号のうち誤読されやすいものには、適宜ふりがなをふること。
4　所定の欄に記載し得ないときは、別紙に記載の上、これを添付すること。

備考　用紙の大きさは、日本産業規格A4とすること。

別記様式第16号の7 （第19条の13関係）

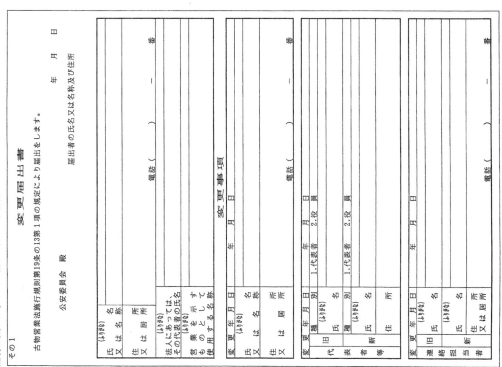

その2

（ふりがな）
氏名又は名称

住所又は居所

（ふりがな）
法人にあっては、その代表者の氏名

（ふりがな）
営業をもとして使用する名称を示して

電話（　）　－　番

事務所に係る変更事項

（ふりがな）
変更・廃止する事務所の名称

変更年月日　　年　月　日

事務所
形態　1.営業の本拠となる事務所　2.その他の事務所
（ふりがな）
名称
所在地
（住所又は居所と同じ場合は、記載を要しない。）
電話（　）　－　番

その1

変更届出書

古物営業法施行規則第19条の13第1項の規定により届出をします。

年　月　日

公安委員会　殿

届出者の氏名又は名称及び住所

（ふりがな）
氏名又は名称

住所又は居所

（ふりがな）
法人にあっては、その代表者の氏名

（ふりがな）
営業をもとして使用する名称を示して

電話（　）　－　番

変更事項

変更年月日　　年　月　日
（ふりがな）
氏名又は名称
住所又は居所
電話（　）　－　番

変更年月日　　年　月　日
代表者等
旧　種別（ふりがな）1.代表者　2.役員　氏名
新　種別　1.代表者　2.役員　氏名
住所

変更年月日　　年　月　日
連絡担当者
旧　（ふりがな）氏名
新　（ふりがな）氏名　住所又は居所
電話（　）　－　番

別記様式第16号の8 (第19条の13関係)

業務実施方法変更届出書

古物営業法施行規則第19条の13第1項の規定により届出をします。

年 月 日

公安委員会 殿

届出者の氏名又は名称及び住所

(ふりがな) 氏 名 又 は 名 称	
(ふりがな) 住 所 又 は 居 所	
	電話 ( ) − 番
(ふりがな) 法人にあっては、その代表者の氏名	
(ふりがな) 営 業 を 示 す も の と し て 使 用 す る 名 称	
変 更 年 月 日	年 月 日
変 更 事 項	新 旧

記載要領 所定の欄に記載し得ないときは、別紙に記載の上、これを添付すること。

備考 用紙の大きさは、日本産業規格A4とすること。

その3

(ふりがな) 氏 名 又 は 名 称	
(ふりがな) 住 所 又 は 居 所	
	電話 ( ) − 番
(ふりがな) 法人にあっては、その代表者の氏名	
(ふりがな) 営 業 を 示 す も の と し て 使 用 す る 名 称	

営業に係る変更事項

変更年月日	営業を示すものとして使用する名称	送信元識別符号
年 月 日		

記載要領
1 各「変更年月日」欄には、当該事項の変更があった年月日(人事異動、事務所の新設、移転又は廃止等の年月日をいう。)を記載すること。
2 数字を付した欄は、該当する数字を○で囲むこと。
3 送信元識別符号の英字は、活字体として、適宜ふりがなを添えること。
4 送信元識別符号のうち誤読されやすいものには、点線を参考にして、活字体で記入すること。
5 所定の欄に記載し得ないときは、別紙に記載の上、これを添付すること。

備考 用紙の大きさは、日本産業規格A4とすること。

別記様式第16号の10（第20条関係）

（表）

第　　　　号

身　分　証　明　書

写　真

官職
氏名

上記の者は、古物営業法第22条第1項の規定による立入検査に従事する警察職員であることを証明する。

年　月　日

公安委員会　印

86

5

（裏）

古　物　営　業　法　（抜　粋）

第22条　警察職員は、必要があると認めるときは、営業時間中において、古物商の営業所若しくは仮設店舗、古物の保管場所、古物市場又は第10条第1項の競り売り（同条第3項及び第4項に規定する場合を除く。）の場所に立ち入り、古物及び帳簿等（第18条第1項に規定する書面で同項の記録が表示されたものを含む。（略））を検査し、関係者に質問することができる。

2　前項の場合においては、警察職員は、その身分を証明する証票を携帯し、関係者に、これを提示しなければならない。

3・4　略

備考　図示の長さの単位は、ミリメートルとする。

別記様式第16号の9（第19条の15関係）

第　　　　号

競りの中止命令書

殿

年　月　日

警察本部長　印
警察署長　印

古物営業法第21条の7の規定により次のとおり競りの中止を命ずる。

命令を受ける者	住所又は居所	
	氏名又は名称	
競りを中止すべき古物		

備考
1　不要の文字は、横線で消すこと。
2　所定の欄に記載し得ないときは、別紙に記載の上、これを添付すること。
3　用紙の大きさは、日本産業規格A4とすること。

別記様式第16号の12（第25条関係）

その1

変更届出書

古物営業法施行規則第25条第1項の規定により届出をします。

年　月　日

公安委員会　殿

届出者の氏名又は名称及び住所

名　称	（ふりがな）	
住　所		電話（　　　）　　　－　　　番
代表者の氏名	（ふりがな）	

変更事項

変更年月日		年　月　日
名　称	（ふりがな）	
住　所		電話（　　　）　　　－　　　番

変更年月日			年　月　日
代表者	旧	氏名	（ふりがな）
	新	氏名	（ふりがな）
		住所	

備考　用紙の大きさは、日本産業規格A4とすること。

別記様式第16号の11（第22条関係）

盗品売買等防止団体承認申請書

古物営業法施行規則第22条第1項の規定により承認を申請します。

年　月　日

公安委員会　殿

申請者の氏名又は名称及び住所

名　称	（ふりがな）	
住　所		電話（　　　）　　　－　　　番
代表者の氏名	（ふりがな）	
事務所	名　称	（ふりがな）
	所在地	（住所と同じ場合は、記載を要しない。）　電話（　　　）　　　－　　　番

備考　用紙の大きさは、日本産業規格A4とすること。

別記様式第16号の13（第28条関係）

廃 止 届 出 書

古物営業法施行規則第28条第1項の規定により届出をします。

年　月　日

公安委員会　殿

届出者の氏名又は名称及び住所

（ふりがな）		
名　　　称		
（ふりがな）		
住　　　所		電話（　　）　－　　番
代表者の氏名		
廃止の理由		
廃止時期		年　月　日

記載要領

　所定の欄に記載し得ないときは、別紙に記載の上、これを添付すること。

備考　用紙の大きさは、日本産業規格A4とすること。

○行商従業者証等の様式の承認に関する規程

（平成7年9月20日国家公安委員会告示第7号）

最近改正 令和元年11月25日国家公安委員会告示第45号

古物営業法施行規則（平成7年国家公安委員会規則第10号）第12条第1項の規定に基づき、行商従業者証等の様式の承認に関する規程を次のように定める。

　　　　行商従業者証等の様式の承認に関する規程

（承認を受けることができる団体）

第1条 古物営業法施行規則（次条において「規則」という。）第12条第1項の国家公安委員会が定める団体は、一般社団法人又は中小企業団体の組織に関する法律（昭和32年法律第185号）第3条第1項（第3号及び第4号を除く。）に規定する中小企業団体（以下「一般社団法人等」という。）であって、次の要件を満たすものとする。

⑴ 一般社団法人等の直接又は間接の構成員（以下単に「構成員」という。）の3分の2以上が古物商又は古物市場主であること。

⑵ 十分な社会的信用を有するものであること。

⑶ その役員のうちに古物営業法（昭和24年法律第108号。以下「法」という。）第4条第1号から第8号までのいずれかに該当する者その他犯罪の防止及びその被害の迅速な回復を図る上でふさわしくないと認められる者がいるものでないこと。

⑷ 次条の規定による申請に係る様式の行商従業者証（法第11条第2項の行商従業者証をいう。以下同じ。）又は標識（法第12条の標識をいう。以下同じ。）を作成するために必要な経理的基礎及び事務的能力を有すること。

⑸ 構成員である古物商又は古物市場主（次条において「古物商等」という。）に対し、作成した行商従業者証又は標識を適確に交付し、及び利用させることができると認められるものであること。

（承認の申請）

第2条 規則第12条第1項の承認（以下「承認」という。）を申請しようとする一般社団法人等は、別記様式第1号又は別記様式第2号の承認申請書に次に掲げる書類を添えて、国家公安委員会（作成した行商従業者証又は標識を一の都道府県の区域内に限って利用させようとするものであるときは、当該都道府県公安委員会。以下「公安委員会」という。）に提出しなければならない。

⑴ 定款（規約を含む。）及び登記簿の謄本

⑵ 役員の氏名及び略歴を記載した書類

⑶ 申請の日の属する事業年度の直前の事業年度末（申請の日の属する事業年度に設立された一般社団法人等にあっては、その設立時）における財産目録及び財産の権利関係を証する書類

⑷ 申請の日の属する事業年度の事業計画書及び収支予算書並びに当該事業年度の翌事業年度の事業の実施及び収支に係る計画を記載した書類

⑸ 古物商等に対して行商従業者証又は標識を交付し、及び利用させる要領を記載した書類

⑹ その他参考となる事項を記載した書類

（電磁的記録媒体による手続）

第２条の２　次に掲げる書類の前条の規定による提出については、当該書類の提出に代えて当該書類に記載すべきこととされている事項を記録した電磁的記録媒体（電子的方式、磁気的方式その他人の知覚によっては認識することができない方式で作られる記録であって、電子計算機による情報処理の用に供されるものに係る記録媒体をいう。）及び別記様式第３号の電磁的記録媒体提出票を提出することにより行うことができる。

⑴　定款（規約を含む。）

⑵　役員の氏名及び略歴を記載した書類

⑶　財産目録

⑷　事業計画書及び収支予算書並びに事業の実施及び収支に係る計画を記載した書類

⑸　古物商等に対して行商従業者証又は標識を交付し、及び利用させる要領を記載した書類

⑹　その他参考となる事項を記載した書類

（行商従業者証の様式の承認の基準）

第３条　行商従業者証の様式に係る承認の基準は、次のとおりとする。

⑴　次の事項が明瞭に記載されるものであること。

　イ　行商をする代理人、使用人その他の従業者（以下この条において「代理人等」という。）の氏名及び生年月日

　ロ　古物商の氏名又は名称

　ハ　古物商に係る法第５条第２項の許可証の番号

⑵　行商に係る主として取り扱う古物の区分又は名称が明らかになるものであること。

⑶　行商をする代理人等の上半身の写真（縦2.5センチメートル以上、横2.0センチメートル以上のもの）が容易にはがれないようにはり付けられ、又は印刷されるものであること。

⑷　当該一般社団法人等又は古物商若しくは行商をする代理人等以外の特定の個人又は団体を示す文字又は標章が表示されるものでないこと。

⑸　大きさが縦５センチメートル以上、横８センチメートル以上であること。

⑹　材質がプラスチック又はこれと同程度以上の耐久性を有するものであること。

２　前項第１号の規定にかかわらず、一般社団法人等が代理人等又は古物商に対して付与する会員番号その他の番号の記載は、それぞれ代理人等の生年月日又は同号ハに規定する事項の記載に代えることができる。

（標識の様式の承認の基準）

第４条　標識の様式に係る承認の基準は、次のとおりとする。

⑴　営業所（仮設店舗を含む。）又は古物市場のいずれに係る標識であるかが明らかになるものであること。

⑵　次の事項が明瞭に記載されるものであること。

　イ　古物商又は古物市場主の氏名又は名称

　ロ　法第５条第２項の許可証の番号

⑶　主として取り扱う古物の区分又は名称が明らかになるものであること。

⑷　当該一般社団法人等又は古物商若しくは古物市場主以外の特定の個人又は団体を示す文字又は標章が表示されるものでないこと。

⑸ 大きさが縦8センチメートル以上、横16センチメートル以上であること。

⑹ 材質が金属、プラスチック又はこれらと同程度以上の耐久性を有するものであること。

（資料の提出）

第5条 承認を受けた一般社団法人等（以下「承認法人」という。）は、行商従業者証又は標識の作成又は交付に係る事業（次条第1項において「作成・交付事業」という。）の実施に関し公安委員会から必要な資料の提出を求められたときは、当該資料を提出しなければならない。

（作成・交付事業の廃止の届出）

第6条 承認法人は、作成・交付事業を廃止したときは、その旨を公安委員会に届け出なければならない。

2 前項の規定による届出があったときは、承認は、その効力を失う。

（承認の取消し）

第7条 公安委員会は、承認法人が次のいずれかに該当するときは、当該承認を取り消すことができる。この場合においては、その旨を当該承認法人に通知しなければならない。

⑴ 第1条各号に掲げる要件を満たさないと認められるとき。

⑵ 第5条又は第6条第1項の規定により資料を提出し、又は届け出なければならない場合において、その提出を怠り、又は届け出なかったとき。

⑶ 当該承認法人又はその役員が法若しくは法に基づく命令の規定に違反し、又は法に基づく処分に違反する不正行為であって重大と認められるものをしたときその他犯罪の防止又はその被害の回復を図る上で支障があると認めるとき。

（電子情報処理組織による手続）

第8条 国家公安委員会に対する第2条の規定による承認の申請、第5条の規定による資料の提出（電子情報処理組織を使用した資料の提出の求めがあった場合に限る。）及び第6条第1項の規定による廃止の届出（以下「対象手続」と総称する。）については、電子情報処理組織（国家公安委員会の使用に係る電子計算機（入出力装置を含む。以下同じ。）と対象手続を行おうとする者の使用に係る電子計算機とを電気通信回線で接続した電子情報処理組織をいう。以下同じ。）を使用して行うことができる。

2 対象手続を電子情報処理組織を使用して行おうとする者は、当該対象手続に係る事項について、当該対象手続を行う者の使用に係る電子計算機であって、国家公安委員会が定める技術的基準に適合するものから入力して、対象手続を行わなければならない。

3 前項の場合において、対象手続を行おうとする者は、当該対象手続等に係る事項についての情報に電子署名（電子署名及び認証業務に関する法律（平成12年法律第102号）第2条第1項に規定する電子署名をいう。以下同じ。）を行い、当該電子署名に係る電子証明書（電子署名を行う者が電子署名を行ったものであることを確認するために用いられる事項がこれらの者に係るものであることを証明するために作成する電磁的記録をいう。）と併せてこれを送信しなければならない。

4 前項の電子証明書は、商業登記法（昭和38年法律第125号）第12条の2第1項及び第3項（これらの規定を他の法令の規定において準用する場合を含む。）の規定に基づき登記官が作成した電子証明書、電子署名及び認証業務に関する法律第4条第1項の認定を受けた者が発行した電子証明書又は電子署名等に係る地方公共団体情報システム機構の認証業務に関する法律（平成14年

法律第153号）第3条第1項に規定する署名用電子証明書であって、国家公安委員会が第1項に
規定する国家公安委員会の使用に係る電子計算機から認証できるものに限る。

　　附　　則

　この規程は、古物営業法の一部を改正する法律（平成7年法律第66号）の施行の日（平成7年10
月18日）から施行する。

別記様式第２号（第２条関係）

承認申請書

行商従業者証等の様式の承認に関する規程第２条の規定により申請します。

　　　　年　月　日

公安委員会　殿

申請者の氏名又は名称及び住所　㊞

（ふりがな）名称	
法人等の種別	1. 一般社団法人　2. 中小企業団体（　）
所在地	
代表者の氏名	
標識の種別	1. 営業所又は仮設店舗　2. 古物市場
色	
標識の様式	
標識	

記載要領
1　数字を付した欄は、該当する数字を○で囲むこと。
2　「標識の様式」欄には、図示して記載するものとし、その大きさ及び材質を明示すること。
3　所定の欄に記載し得ないときは、別紙に記載の上、これを添付すること。

備考　用紙の大きさは、日本産業規格Ａ４とすること。

別記様式第１号（第２条関係）

承認申請書

行商従業者証等の様式の承認に関する規程第２条の規定により申請します。

　　　　年　月　日

公安委員会　殿

申請者の氏名又は名称及び住所　㊞

（ふりがな）名称	
法人等の種別	1. 一般社団法人　2. 中小企業団体（　）
所在地	
代表者の氏名	
色	
行商従業者証の様式	

記載要領
1　数字を付した欄は、該当する数字を○で囲むこと。
2　「行商従業者証の様式」欄には、図示して記載するものとし、その大きさ及び材質を明示すること。
3　所定の欄に記載し得ないときは、別紙に記載の上、これを添付すること。

備考　用紙の大きさは、日本産業規格Ａ４とすること。

別記様式第３号（第２条の２関係）

電磁的記録媒体提出票

　行商従業者証等の様式の承認に関する規程第２条の規定により提出すべき書類に記載することとされている事項を記録した電磁的記録媒体を以下のとおり提出します。

　本票に添付されている電磁的記録媒体に記録された事項は、事実に相違ありません。

　　　　　年　月　日

公安委員会　殿

提出者の名称及び住所

1　電磁的記録媒体に記録された事項

2　電磁的記録媒体と併せて提出される書類

記載要領
1　「電磁的記録媒体に記録された事項」の欄には、電磁的記録媒体に記録されている事項を記載するとともに、2以上の電磁的記録媒体を提出するときは、電磁的記録媒体ごとに整理番号を付し、その番号ごとに記録されている事項を記載すること。

2　「電磁的記録媒体と併せて提出される書類」の欄には、本票に添付されている電磁的記録媒体に記録されている事項以外の事項を記載した書類を併せて提出する場合にあっては、その書類名を記載すること。

3　該当事項がない欄は、省略すること。

備考　用紙の大きさは、日本産業規格Ａ４とすること。

○電磁的方法による保存等をする場合に確保するよう努めなければならない基準

（平成10年７月29日国家公安委員会告示第10号）

最近改正　令和４年２月10日国家公安委員会告示第11号

第１条　質屋営業法施行規則（昭和25年総理府令第25号）第18条第２項、銃砲刀剣類所持等取締法施行規則（昭和33年総理府令第16号）第118条及び警備業法施行規則（昭和58年総理府令第１号）第68条並びに風俗営業等の規制及び業務の適正化等に関する法律施行規則（昭和60年国家公安委員会規則第１号）第29条第２項（第98条第１項において準用する場合を含む。）及び第107条第２項（第108条第２項において準用する場合を含む。）、遊技機の認定及び型式の検定等に関する規則（昭和60年国家公安委員会規則第４号）第23条の２第２項、古物営業法施行規則（平成７年国家公安委員会規則第10号）第19条及び国家公安委員会の所管する法令の規定に基づく民間事業者等が行う書面の保存等における情報通信の技術の利用に関する規則（平成17年国家公安委員会規則第７号）第４条第３項（別表第１自動車運転代行業の業務の適正化に関する法律（平成13年法律第57号）の項に係る部分を除く。）の規定に基づき、電磁的方法による保存等をする場合に確保するよう努めなければならない基準は、別表に定める対策を実施することとする。

第２条　〔略〕

　　　附　　則

この告示は、平成10年８月１日から施行する。

（別表）

対　　　　　策
1　ログ
⑴　ログを取得すること。ログの内容は、少なくともアクセス（コンピュータ・システムを利用できる状態とすること又はその内部に電子的に存在する情報を取り扱うことをいう。以下同じ。）した者を特定可能なものであること。
⑵　ログ自体のセキュリティを確保すること。
⑶　ログを定期的に監査すること。
⑷　ログは、次回の監査まで保管すること。
2　アクセス
⑴　情報システム（コンピュータ・システムを中心とする情報処理及び通信に係るシステム（人的組織を含む。）をいう。以下同じ。）へのログインに際し、識別及び認証を行うこと。
⑵　パスワードにより認証を行う場合にあっては、次の対策を講ずること。
ア　ユーザ（情報システムにより提供されるサービスを利用するためにアクセスする権限を有する者をいう。以下同じ。）には、必ずパスワードを設定させ、その秘匿に努めさせること。
イ　他者が容易に推測できる語句等をパスワードとして設定しないようユーザを指導し、又は設定を拒否する機能をシステムに設けること。
ウ　パスワードを適切な期間ごとに変更するようユーザを指導し、又は変更を促す機能をシステムに設けること。

　　　エ　パスワードの再入力の回数を制限するなど、他者によるパスワードの推測を困難
　　　　にするための措置を講ずること。
　　　オ　ユーザがパスワードを忘れたときなどに、パスワードを通知する場合に備え、本
　　　　人確認の方法等について手続を定めておくこと。
　　　カ　パスワード・ファイルの暗号化等の措置を講ずるなど、パスワードの秘匿に努め
　　　　ること。
　⑶　ユーザIDにより認証を行う場合にあっては、次の対策を講ずること。
　　　ア　退職、異動、長期出張、長期留学等により、不要となり、又は長期間使用されないユー
　　　　ザIDについては、廃止等の措置を講ずること。
　　　イ　長期間ログインが無いユーザに対して、文書等によりその旨を通知すること。
　　　ウ　ユーザから要求があったときは、当該ユーザによる使用状況を開示すること。
　⑷　データベースのデータ、ファイル等ごとにアクセス制御を行うこと。
3　バックアップ
　⑴　バックアップは、定期的に、かつ、可能な限り頻繁に行うこと。
　⑵　バックアップ・ファイルは、適切な保存方法、保存期間等を定め、原本と異なる場
　　　所に保管すること。
4　ウイルス対策
　⑴　情報システムを起動させるときは、始めにワクチン・プログラムを用いるなどして、
　　　コンピュータ・ウイルスのチェックを行うこと。
　⑵　新たに入手したプログラムを使用するときは、あらかじめワクチン・プログラムを
　　　用いるなどして、コンピュータ・ウイルスのチェックを行うこと。また、出所が不明
　　　のプログラムは、可能な限り使用しないこと。
　⑶　情報システム使用中は、作動状況を監視し、異状が現れた場合は、ワクチン・プロ
　　　グラムを用いるなどして、コンピュータ・ウイルスのチェックを行うこと。
　⑷　コンピュータ・ウイルス発見時には、使用中の端末等をネットワーク（通信のため
　　　に用いられる装置及び回線をいう。）から切り離すなど、被害拡大防止の措置をとるこ
　　　と。

○地方公共団体の手数料の標準に関する政令

[抄] （平成12年１月21日政令第16号）

最近改正 令和６年６月28日政令第238号

地方自治法第228条第１項の手数料について全国的に統一して定めることが特に必要と認められるものとして政令で定める事務（以下「標準事務」という。）は、次の表の上欄〔左欄〕に掲げる事務とし、同項の当該標準事務に係る事務のうち政令で定めるもの（以下「手数料を徴収する事務」という。）は、同表の上欄〔左欄〕に掲げる標準事務についてそれぞれ同表の中欄に掲げる事務とし、同項の政令で定める金額は、同表の中欄に掲げる手数料を徴収する事務についてそれぞれ同表の下欄〔右欄〕に掲げる金額とする。

標準事務	手数料を徴収する事務	金額
28　古物営業法（昭和24年法律第108号）第３条、第５条第２項及び第４項並びに第７条第５項の規定に基づく古物営業の許可に関する事務	1　古物営業法第３条の規定に基づく古物営業の許可の申請に対する審査	19,000 円
	2　古物営業法第５条第４項の規定に基づく許可証の再交付	1,300 円
	3　古物営業法第７条第５項の規定に基づく許可証の書換え	1,500 円
28の２　古物営業法第21条の５第１項及び第21条の６第１項の規定に基づく古物競りあつせん業に係る業務の実施の方法の認定に関する事務	古物営業法第21条の５第１項又は第21条の６第１項の規定に基づく古物競りあつせん業に係る業務の実施の方法の認定の申請に対する審査	17,000 円

備考

1　この表中の用語の意義及び字句の意味は、それぞれ上欄〔左欄〕に規定する法律（これに基づく政令を含む。）又は政令における用語の意義及び字句の意味によるものとする。

2　この表の下欄〔右欄〕に掲げる金額は、当該下欄〔右欄〕に特別の計算単位の定めのあるものについてはその計算単位についての金額とし、その他のものについては１件についての金額とする。

第5章

モデル審査基準等

モデル審査基準等 (平成24年4月1日現在)

1　趣旨

　行政手続法第5条により、行政庁は、申請により求められた許認可等をするかどうかをその法令の定めに従って判断するために必要とされる基準（審査基準）を定め、行政上特別の支障があるときを除き、法令により当該申請の提出先とされている機関の事務所における備付けその他の適当な方法により公にしておかなければならないとされています。

　また、同法第6条により、行政庁は、申請がその事務所に到達してから当該申請に対する処分をするまでに通常要すべき標準的な期間（標準処理期間）を定めるように努め、これを定めたときは、当該申請の提出先とされている機関の事務所における備付けその他の適当な方法により公にしておかなければならないとされています。

　さらに、同法第12条により、行政庁は、同法第2条第4号に定める不利益処分（行政庁が、法令に基づき、特定の者を名あて人として、直接に、これに義務を課し、又はその権利を制限する処分）をするかどうか又はどのような不利益処分とするかについてその法令の定めに従って判断するために必要とされる基準（処分基準）を定め、これを公にしておくよう努めなければならないとされています。

　これらにかんがみ、各都道府県警察は、申請に対する審査基準及び標準処理期間並びに不利益処分に関する処分基準を定めることとなると考えられますが、全国的な斉一性等を図る観点から、警察庁においては、そのモデルとなる「モデル審査基準等」を定め、各都道府県警察に示しており（審査基準等の作成及び公表について（平成6年8月11日付け警察庁丙総発第38号））、その内容は以下のとおりとなっています（なお、各都道府県警察ごとに若干の違いが生じることがあり得ます。）。

2　審査基準・標準処理期間

　「モデル審査基準等」において審査基準又は標準処理期間が定められているのは、次の処分です。

- ・古物商の許可（古物営業法第3条第1項）
- ・古物市場主の許可（古物営業法第3条第2項）
- ・許可証の再交付（古物営業法第5条第4項）
- ・許可証の書換え（古物営業法第7条第4項）
- ・古物競りあっせん業に係る業務の実施の方法の認定（古物営業法第21条の5第1項又は第21条の6第1項）
- ・行商従業者証及び標識の様式の承認（古物営業法施行規則第12条第1項）
- ・盗品売買等防止団体の承認（古物営業法施行規則第23条）

　その内容は次頁以下のとおりです。

審　査　基　準

年　　月　　日作成

法　令　名：古物営業法	
根　拠　条　項：第3条第1項	
処　分　の　概　要：古物商の許可	
原権者（委任先）：　都道府県公安委員会	

法　令　の　定　め：

　　　　古物営業法第4条（許可の基準）
　　　　　　　　　　第5条第1項（許可の手続）
　　　　古物営業法施行規則第1条（許可の申請）
　　　　　　　　　　第2条（古物の区分）

審　査　基　準：

　　　古物営業法第4条各号の欠格要件に該当しないなど古物営業法を遵守し、適正な営業を期待できるときに許可する。

標　準　処　理　期　間：

　　　40日以内で各都道府県警察の実情に応じた期間を定める。

申　　請　　先：

問い合わせ先：

備　　　　考：

審　査　基　準

年　　　月　　　日作成

法　　令　　名：古物営業法
根　拠　条　項：第３条第２項
処　分　の　概　要：古物市場主の許可
原権者（委任先）： 都道府県公安委員会
法　令　の　定　め： 　　　古物営業法第４条（許可の基準） 　　　　　　　第５条第１項（許可の手続） 　　　古物営業法施行規則第１条（許可の申請） 　　　　　　　第２条（古物の区分）
審　査　基　準： 　　　古物営業法第４条各号の欠格要件に該当しないなど古物営業法を遵守し、適正な営業を期待できるときに許可する。
標　準　処　理　期　間： 　　　50日以内で各都道府県警察の実情に応じた期間を定める。
申　　請　　先：
問　い　合　わ　せ　先：
備　　　　　考：

審　査　基　準

年　　月　　日作成

法　令　名：古物営業法	
根　拠　条　項：第5条第4項	
処　分　の　概　要：許可証の再交付	
原権者（委任先）：都道府県公安委員会（方面公安委員会）	
法　令　の　定　め： 　　古物営業法施行規則第4条第1項、第2項（許可証の再交付の申請）	
審　査　基　準： 　　判断基準は法令の定めによる。	
標　準　処　理　期　間： 　　14日以内で各都道府県警察の実情に応じた期間を定める。	
申　　請　　先：	
問　い　合　わ　せ　先：	
備　　　　考：	

審　査　基　準

年　　月　　日作成

法　　令　　名：古物営業法	
根　拠　条　項：第7条第4項	
処　分　の　概　要：許可証の書換え	
原権者（委任先）：都道府県公安委員会（方面公安委員会）	
法　令　の　定　め： 　　古物営業法施行規則第5条第6項、第7項、第4条第2項（許可証の書換えの申請）	
審　査　基　準： 　　判断基準は法令の定めによる。	
標　準　処　理　期　間： 　　14日以内で各都道府県警察の実情に応じた期間を定める。	
申　　請　　先：	
問い合わせ先：	
備　　　　考：	

審　査　基　準

年　　月　　日作成

法　令　名：古物営業法
根　拠　条　項：第21条の5第1項又は第21条の6第1項
処　分　の　概　要：古物競りあっせん業に係る業務の実施の方法の認定
原権者（委任先）：都道府県公安委員会（方面公安委員会）
法　令　の　定　め： 　　古物営業法施行規則第19条の4（古物競りあっせん業者に係る認定の申請） 　　　　　　　　　　第19条の5 　　　　　　　（古物競りあっせん業者に係る認定の申請の欠格事由） 　　　　　　　　　　第19条の6（盗品等の売買の防止等に資する方法の基準） 　　　　　　　　　　第19条の11（外国古物競りあっせん業者に係る認定の申請） 　　　　　　　　　　第19条の5、第19条の12 　　　　　　　（外国古物競りあっせん業者に係る認定の申請の欠格事由）
審　査　基　準： 　　判断基準は、法令の定めによる。
標　準　処　理　期　間： 　　40日以内で各都道府県警察の実情に応じた期間を定める。
申　請　先：
問い合わせ先：
備　　考：

審　査　基　準

年　　月　　日作成

法　令　名：古物営業法施行規則
根 拠 条 項：第12条第1項
処 分 の 概 要：行商従業者証及び標識の様式の承認
原権者（委任先）：都道府県公安委員会（方面公安委員会）
法 令 の 定 め： 　　古物営業法第11条第2項（行商従業者証） 　　　　　　　　第12条（標識） 　　古物営業法施行規則第10条（行商従業者証の様式） 　　　　　　　　第11条（標識の様式）
審 査 基 準： 　　許認可等の性質上、個々の申請について個別具体的な判断をせざるを得ないものであって、法令の定め以上に具体的な基準を定めることが困難であるため、定めていない。
標 準 処 理 期 間： 　30日以内で各都道府県警察の実情に応じた期間を定める。
申　請　先：
問 い 合 わ せ 先：
備　　　考：

審 査 基 準

年　　月　　日作成

法 　令 　名：古物営業法施行規則
根 拠 条 項：第23条
処 分 の 概 要：盗品売買等防止団体の承認
原権者（委任先）： 都道府県公安委員会
法 令 の 定 め： 　　古物営業法施行規則第22条（盗品売買等防止団体に係る承認の申請）
審 査 基 準： 　　盗品売買等防止団体の承認の基準は、別紙のとおり。
標 準 処 理 期 間： 　　2 月
申 　請 　先：
問 い 合 わ せ 先：
備 　　　考：

別　紙

　盗品売買等防止団体に係る承認の申請は、古物営業法施行規則（以下「規則」という。）第22条のとおりであり、承認は規則第23条に規定する要件を満たすものについて行うが、その基準は、規則の定めのほか、次のとおりである。

1　規則第22条第3項関係

⑴　第4号の「資産の総額及び種類を記載した書面並びにこれを証する書面」とは、財産目録並びに財産目録に記載した各財産の権利及び価額を証明する書面を指す。

⑵　第5号の「回答業務に関する事業計画書及び収支予算書」は、回答業務に関する部分に限る必要はないが、回答業務に関する部分が明らかにされている必要がある。

2　規則第23条第1号関係

　「回答業務を実施する旨の定め」については、定款等に「回答業務」と明記されている必要はないが、例えば「盗品等に関する情報を管理、活用する」というように、承認を申請する法人その他の団体において回答業務を実施することが明確に確認できるものであることが必要である。

3　規則第23条第3号関係

⑴　規則第23条第3号の「業務規程」については、規則第22条第4項各号に規定される事項が記載されている必要がある。

　ア　規則第22条第4項第1号の「実施の方法」については、回答業務に用いられる電子計算機の構成、照会・回答の具体的な方法、権限のない者による照会を排除するための措置が記載されていることが必要である。

　イ　規則第22条第4項第2号の「利用する者の範囲」については、利用する者（以下「利用者」という。）の名称等の特定までは要しないが、例えば「承認を申請する法人その他の団体の会員」というように、「古物商、古物市場主若しくは古物競りあっせん業者又はこれらの者を直接若しくは間接の構成員とする団体」の中から、その範囲が明確に特定されて記載されていることが必要である。

　　また、業務規程又は情報管理規程に違反した者に対する除名処分の規定が設けられていることが必要である。

　ウ　規則第22条第4項第3号の「回答業務を実施する時間及び休日に関する事項」については、回答業務が確実に行われるよう、回答業務を行う日が、原則週5日以上確保されている必要がある。

　エ　規則第22条第4項第4号の「回答業務の実施に関し必要な事項」については、外部への業務委託がなされる場合には、その旨記載されていることが必要である。外部委託の範囲については、回答業務はあくまで盗品売買等防止団体が行うものであるから、電子計算機の保守点検等回答業務の付随的な部分に限られていなければな

らない。

　　また、業務規程には、照会の結果、盗品等と判明した場合における利用者の警察への通報に関する規定が定められていることが必要である。

⑵　規則第23条第3号の「情報管理規程」については、規則第22条第5項各号に規定される事項が記載されている必要がある。

　ア　規則第22条第5項第1号の「職員の意識の啓発及び教育」については、同項第2号の「回答業務に関して知り得た情報の管理及び使用に係る事務を統括管理する者」（以下「情報管理責任者」という。）を実施責任者とし、少なくとも年1回実施するなど、職員の意識の啓発及び教育に必要な措置を講じる旨が定められている必要がある。

　　　また、情報管理責任者は、当該措置について、随時盗品売買等防止団体の代表者に報告するよう定められている必要がある。

　イ　規則第22条第5項第2号の情報管理責任者の「指定」については、回答業務の適正かつ確実な実施について責任を有する者を指定することが定められている必要がある。

　ウ　規則第22条第5項第3号の「回答業務に関して知り得た情報の記録された物の紛失、盗難及びき損を防止するための措置に関する事項」及び同項第4号の「回答業務に関して知り得た情報の適正な管理又は使用を図るため必要な措置に関する事項」については、次のとおりとする。

　　㋐　回答業務に関して知り得た情報（以下「特定情報」という。）又は特定情報の記録された物は、その収集目的又は盗品売買等防止団体の活動上の必要性に照らし管理又は使用する必要がなくなった場合には、消去又は廃棄しなければならないこととし、これについては、特定情報を復元することができない方法により行うよう定められている必要がある。

　　㋑　情報管理責任者は、特定情報の記録された物の紛失、盗難及びき損を防止するための措置に関する事項について、随時盗品売買等防止団体の代表者に報告するよう定められている必要がある。

　　㋒　特定情報を取り扱う者が、業務上必要と認められる職員に限定されるよう、その範囲を明らかにしておくことが必要である。

　　㋓　利用者及び盗品売買等防止団体の職員による、盗品等に関する情報の目的外利用を禁ずる旨が定められている必要がある。

　　㋔　利用者及び盗品売買等防止団体の職員による情報の不正な取扱いが判明した場合における速やかな実態調査、都道府県公安委員会への報告等の措置が定められている必要がある。

　㈎　特定情報を電子計算機を用いて処理又は管理する場合は、次の事項が定められている必要がある。

　　a　電子計算機の操作は、あらかじめ情報管理責任者の指定する者以外の者が行ってはならないこと。

　　b　情報管理責任者は、情報の出力等を行うために必要なパスワードを設定、管理し、必要に応じてこれを変更すること。

　　c　情報管理責任者は、電子計算機への不正なアクセスを防止するために必要な措置を講じることとし、特定情報へのアクセス状況について、定期的に点検するとともに、必要に応じて臨時点検を行い、その管理状況を盗品売買等防止団体の代表者に報告すること。

4　規則第23条第4号関係

　「上記に掲げるもののほか、回答業務を適正かつ確実に実施することができると認められるものであること」については、人的及び経理的基礎の有無、就業規則、職員給与規程、会計処理規程等の有無等、規則第23条第1号から同条第3号までに掲げる要件以外の観点から、適正かつ確実に回答業務を行い得るか判断するものである。

5　その他

　都道府県ごとに一の盗品売買等防止団体に限って承認するという数的な限定はないので、規則に規定する要件を満たすものであれば、承認を受けることができる。

3　処分基準

「モデル審査基準等」において処分基準が定められているのは、次の処分です。

- ・古物商等の許可の取消し（古物営業法第6条）
- ・古物の差止め（古物営業法第21条）
- ・古物に係る競りの中止（古物営業法第21条の7）
- ・古物商等に対する指示（古物営業法第23条）
- ・古物営業の許可の取消し（古物営業法第24条）
- ・古物営業の停止命令（古物営業法第24条）
- ・認定古物競りあっせん業者に係る認定の取消し（古物営業法施行規則第19条の10第1項）
- ・認定外国古物競りあっせん業者に係る認定の取消し（古物営業法施行規則第19条の14第1項）
- ・盗品売買等防止団体に係る承認の取消し（古物営業法施行規則第29条）
- ・行商従業者証等の様式の承認の取消し（行商従業者証等の様式の承認に関する規程第7条）

その内容は次頁以下のとおりです。

処　分　基　準

年　　　月　　　日作成

法　　令　　名：古物営業法

根　拠　条　項：第6条

処　分　の　概　要：古物商等の許可の取消し

原権者(委任先)：都道府県公安委員会（方面公安委員会）

法　令　の　定　め：
　　古物営業法第4条（許可の基準）

処　分　基　準：
　　古物営業法第6条各号に該当する場合、以下のように帰責事由が無い場合又は悪性がごく軽微な場合であって、速やかに是正、回復等することができ、現に是正、回復等しようとしているとき等を除き、許可を取り消すこととする。
　・法人の責めに帰すことのできない事由により法人の役員が法第4条第1号から第5号までのいずれかに該当することとなった場合で、事実判明後、法人が速やかにその者の解任手続を進めているようなとき。

問　い　合　わ　せ　先：

備　　　　考：

処　分　基　準

年　　　月　　　日作成

法　　令　　名：古物営業法	
根　拠　条　項：第21条	
処　分　の　概　要：古物の差止め	
原権者(委任先)：警視総監若しくは道府県警察本部長又は警察署長	

法　令　の　定　め：

処　分　基　準：

　古物商が取り扱っている古物が盗品等（盗品その他財産に対する罪によって領得された物をいう。以下同じ。）であると疑うに足りる相当な理由がある場合に、その古物の保管を命ずる。

　なお、「相当な理由がある場合」とは、被害届、遺失届等に記載された盗品等と同一のものである可能性がある場合、当該古物を持ち込んだ者が同種の古物に係る財産犯の被疑者である場合又は当該古物の品目や価格、当該古物商の営業実態等から判断すれば当該古物が正当な取引過程において取り扱われたものとは考えられないなど、社会通念上、盗品等であると疑う根拠が客観的に見て合理的に存在する場合である。

問　い　合　わ　せ　先：

備　　　　考：

処　分　基　準

年　　月　　日作成

法　　令　　名：古物営業法	
根　拠　条　項：第21条の7	
処　分　の　概　要：古物に係る競りの中止	
原権者(委任先)：警視総監若しくは道府県警察本部長又は警察署長	

法　令　の　定　め：

処　分　基　準：

　出品された古物について、盗品等（盗品その他財産に対する罪によって領得された物をいう。以下同じ。）であると疑うに足りる相当な理由がある場合に、当該古物に係る競りを中止することを命ずる。

　なお、「相当な理由がある場合」とは、財産犯の被害が発生していると認められ、その被害品と出品物との同一性が合理的に推認されるなど、社会通念上、盗品等であると疑う根拠が客観的に見て合理的に存在する場合である。

問　い　合　わ　せ　先：

備　　　　考：

処 分 基 準

年　　月　　日作成

法　　令　　名：古物営業法
根　拠　条　項：第23条
処　分　の　概　要：古物商等に対する指示
原権者(委任先)：都道府県公安委員会（方面公安委員会）
法　令　の　定　め：
処　分　基　準： 　　別紙「古物営業法に基づく指示、営業停止命令及び許可の取消しの基準」のとおり。
問　い　合　わ　せ　先：
備　　　　考：

処　分　基　準

年　　月　　日作成

法　　令　　名：古物営業法
根　拠　条　項：第24条
処　分　の　概　要：古物営業の停止命令
原権者(委任先)：都道府県公安委員会（方面公安委員会）
法　令　の　定　め：
処　分　基　準： 　　別紙「古物営業法に基づく指示、営業停止命令及び許可の取消しの基準」のとおり。
問　い　合　わ　せ　先：
備　　　　　考：

処 分 基 準

年　　月　　日作成

法　　令　　名：古物営業法	
根　拠　条　項：第24条	
処　分　の　概　要：古物営業の許可の取消し	
原権者(委任先)：都道府県公安委員会	
法　令　の　定　め：	
処　分　基　準： 　　別紙「古物営業法に基づく指示、営業停止命令及び許可の取消しの基準」のとおり。	
問 い 合 わ せ 先：	
備　　　　考：	

別　紙

古物営業法に基づく指示、営業停止命令及び許可の取消しの基準

1　用語の意義

　　この基準における用語の意義は、次に掲げるとおりとする。

　　ア　「指示」とは、古物営業法（以下「法」という。）第23条の規定に基づき、古物商
　　　又は古物市場主に対し、指示することをいう。

　　イ　「営業停止命令」とは、法第24条の規定に基づき、古物商又は古物市場主に対し、
　　　その古物営業の全部又は一部の停止を命ずることをいう。

　　ウ　「許可の取消し」とは、法第24条の規定に基づき、古物商又は古物市場主に対し、
　　　その古物営業の許可を取り消すことをいう。

　　エ　「法令違反行為」とは、法若しくは法に基づく命令の規定に違反し、若しくは古
　　　物営業に関し他の法令の規定に違反し、又は法に基づく処分に違反する行為をいう。

2　適用関係

　⑴　指示、営業停止命令又は許可の取消しのいずれを行うべきかについては、法令違反
　　行為ごとに、別表中の「指示を行うべき場合」及び「営業停止命令又は許可の取消し
　　を行うべき場合」の欄に掲げる事由を踏まえて判断するものとする。

　　　なお、別表中「指示を行うべき場合」の欄が空欄である場合においても、法令違反
　　行為の態様等により必要があると認めるときは、指示をすることができるものである。

　⑵　別表中において指示を行うべきこととされている場合であっても、次のような場合
　　は、指示を行わずに、直ちに許可の取消し又は営業停止命令を行っても差し支えない。

　　ア　悪質な同種の法令違反行為を短期間に繰り返し、又は指導警告を無視する等指示
　　　によって自主的に法令を遵守する見込みがないと認められる場合

　　イ　指示の処分中に、当該指示には違反していないが、当該指示の理由となった法令
　　　違反行為に係る法令の規定と同一の法令の規定に違反した場合

　　ウ　罰則の適用がある法令違反行為が行われ、事件として送致した場合

3　許可の取消しを行うべき場合

　　許可の取消しは、表中のAに該当する場合及び8⑵に定める場合のほか、6又は8
　⑴に定めるところにより営業停止命令の量定の長期が6月に達した場合であって、9⑴
　に掲げる処分を加重すべき事由が複数あり、又はその程度が著しい等の事情から、再び
　法令違反行為を繰り返すおそれが強いと認められる等営業の健全化が期待できないと判
　断されるときに行うものとする。

4　情状による軽減

　　3の基準のみによれば許可の取消しを行うこととなる事案であっても、情状により特
　に処分を軽減すべき事由があるときは、許可の取消しに代えて営業停止命令を行うこと

ができるものとする。

5　営業停止命令を行うべき場合

　　営業停止命令は、表中のBからEに該当する場合に行うものとする。その場合の量定は、次のとおりとする。

　⑴　B　20日以上120日以下の営業停止命令　　　　　　基準期間は30日

　⑵　C　10日以上80日以下の営業停止命令　　　　　　基準期間は20日

　⑶　D　5日以上40日以下の営業停止命令　　　　　　　基準期間は14日

　⑷　E　5日以上20日以下の営業停止命令　　　　　　　基準期間は7日

6　法令違反行為の併合

　　二以上の法令違反行為について同時に営業停止命令を行うときは、それらの法令違反行為について5⑴から⑷までに定めた量定の長期が最も長いものの長期の1.5倍の期間を長期とするとともに、それらの法令違反行為について5⑴から⑷までに定めた量定の短期が最も長いものの短期を短期とするものとする。ただし、その長期は、各法令違反行為について5⑴から⑷までに定めた量定の長期を合計した期間を超えないものとする。

7　法令違反行為の観念的競合

　　二以上の法令の規定に違反する一つの行為について営業停止命令を行うときは、それらの法令違反行為について5⑴から⑷までに定めた量定の長期及び短期のうち、最も長いものをそれぞれ長期及び短期とする。

8　常習違反加重

　⑴　最近3年間に営業停止命令を受けた者に対し営業停止命令を行うときは、当該営業停止命令に係る法令違反行為について5⑴から⑷までに定めた量定の長期及び短期にそれぞれ最近3年間に営業停止命令を受けた回数の2倍の数を乗じた期間を長期及び短期とする。ただし、6月を超えることはできない。

　⑵　最近1年間に60日以上の営業停止命令を受けた古物商若しくは古物市場主（以下「古物商等」という。）又はこれらの代理人等が当該営業停止命令の理由となった法令違反行為に係る法令の規定と同一の法令の規定に違反したときは、許可の取消しを行うものとする。

9　営業停止命令の期間の決定

　　営業停止命令の期間は、原則として5⑴から⑷までに定めた基準期間（6に規定する場合は、長期とされる量定について定めた基準期間の1.5倍の期間を基準期間とし、7に規定する場合は長期とされる量定について定めた基準期間を基準期間とし、8⑴に規定する場合はその量定について定めた基準期間の2倍の期間を基準期間とする。）によるものとする。ただし、次のような事由があるときは、情状により、5から8⑴までに定めた量定の範囲内において加重し、又は軽減するものとする。

⑴　加重すべき事由とは、例えば、次のようなものである。

　　ア　最近３年間に同一の法令に違反して指示又は営業停止命令を受けたこと。

　　イ　指示の処分中に当該指示の理由となった法令違反行為に係る法令の規定と同一の法令の規定に違反したこと。

　　ウ　法令違反行為の態様が著しく悪質であること。

　　エ　代理人等の大多数が法令違反行為に加担していること。

　　オ　改悛の情がみられない等法令違反状態の是正、改善に向けての努力が期待できないこと。

　　カ　消費者センター等に当該古物商等に対する苦情が多数寄せられていること。

　　キ　結果が重大であり、社会的影響が著しく大きいこと。

⑵　軽減すべき事由とは、例えば、次のようなものである。

　　ア　他人に強いられて法令違反行為を行ったこと。

　　イ　古物商等の帰責性が著しく軽微であること。

　　ウ　最近３年間に法令違反行為がなく、改悛の情が著しいこと。

　　エ　具体的な改善措置を法令違反行為後自主的に行っていること。

10　営業の一部の停止の命令

　　古物商等の営業のうち可分な特定の一部の営業のみを対象として営業停止命令を行うべき必要があり、かつ、それにより目的を達成できる場合には、営業の一部の停止命令を行うものとする。

　　例えば、一の公安委員会の管轄区域内に二以上の営業所又は古物市場（以下「営業所等」という。）を有する古物商等に対して営業停止命令を行うべき場合にあって、法令違反行為がそのうちの一部の営業所等のみに係るときや、複数の区分に係る古物を取り扱っている古物商等に対して営業停止命令を行うべき場合であって、法令違反行為がそのうちの一部の区分に係る古物のみに係るときには、当該一部の営業所等に係る営業又は当該一部の区分に係る古物の取引に係る営業についてのみ停止の命令を行うことができるものとする。

11　営業停止命令と他の行政処分との関係

⑴　法令違反行為に対して許可の取消しを行うときは、営業停止命令は行わないものとする。

⑵　営業停止命令を行う場合において法令違反状態の解消等のため必要があるときは、当該営業停止命令の処分事由について指示を併せて行うことができる。

別表

番号	法令違反行為	義務付け規定	罰則規定	指示を行うべき場合	営業停止の命令又は許可の取消しを行うべき場合	量　定	
1	無許可営業	第3条	第31条第1号		○古物商等が他の都道府県で無許可営業を行ったとき。		A
2	許可申請書等虚偽記載	第5条第1項	第34条第1号		○古物商等が許可申請書等に虚偽の記載をして提出したとき。		D
3	変更届出義務違反	第7条	第35条第1号		○古物商等が届出書等を提出しなかったとき。○古物商等が届出書等に虚偽の記載をして提出したとき。		E
4	許可証返納義務違反	第8条第1項第3号	第35条第2号		○古物商等が許可証の再交付を受けた場合において亡失した許可証を発見し、又は回復したにもかかわらず、当該発見し、又は回復した許可証を、不当に返納しなかったとき。		E
5	名義貸し	第9条	第31条第3号		○古物商等が名義貸しをしたとき。		A
6	競り売りの届出義務違反	第10条	第34条第2号	○競り売りの届出をしていないにもかかわらず、古物商の指導監督が十分に行われていないことに起因して、代理人等が競り売りをしたとき。	○古物商が届出をしないで競り売りをしたとき。○古物商が虚偽の競り売りの届出をしたとき。○競り売りの届出をしていないにもかかわらず、古物商の指導監督が全く行われていないことに起因して、代理人等が競り売りをしたとき。	① 2日以上5日未満　② 5日以上30日未満　③ 30日以上	E　D　C
7	許可証携帯等義務違反	第11条第1項第2項	第35条第2号	○古物商の指導監督が十分に行われていないことに起因して、代理人等が行商従業者証を携帯しないで行商をしたとき。	○古物商が許可証を携帯しないで行商をし、又は競り売りをしたとき。○古物商の指導監督が全く行われていないことに起因して、代理人等が行商従業者証を携帯しないで行商をしたとき。		E

（法令違反行為の具体的内容ごとに行うべき処分の別）

No.	違反の種別	条文			内容	回数	量定
8	標識掲示義務違反	第12条	第35条第2号		○ 古物商等が指導警告があったにもかかわらず、営業所等に標識を掲示していないとき。		E
9	管理者選任義務違反	第13条第1項	—		○ 古物商等が自ら管理できないにもかかわらず、管理者を選任していないとき。 ○ 古物商等が欠格事由に該当する者であることを知りながら、その者を管理者として選任していたとき。		E
10	古物商の営業制限違反	第14条第1項	第32条	○ 古物商の指導監督が十分に行われていないことに起因して、代理人等が営業制限に違反したとき。	○ 古物商が、営業所若しくは相手方の住所若しくは居所以外の場所で営業制限に違反したとき。 ○ 古物商の指導監督が全く行われていないことに起因して、代理人等が営業制限に違反したとき。	① 10回未満 ② 10回以上20回未満 ③ 20回以上	E D C
11	古物市場での取引制限違反	第14条第2項	第33条第1号	○ 古物商の指導監督が十分に行われていないことに起因して、代理人等が古物市場での取引制限に違反したとき。	○ 古物商が、相手が古物商でないこと熟知しながら古物市場での取引制限に違反したとき。 ○ 古物商の指導監督が全く行われていないことに起因して、代理人等が古物市場での取引制限に違反したとき。	① 10回未満 ② 10回以上20回未満 ③ 20回以上	E D C
12	確認等義務違反	第15条第1項	第33条第1号	○ 古物商の指導監督が十分に行われていないことに起因して、代理人等が確認等をしなかったとき。	○ 古物商が確認等をしなかったとき。 ○ 古物商の指導監督が全く行われていないことに起因して、代理人等が確認等をしなかったとき。	① 30回未満 ② 30回以上60回未満 ③ 60回以上	D C B
13	不正品申告義務違反	第15条第2項	—	○ 古物商の指導監督が十分に行われていないことに起因して、代理人等が不正品に関する申告をしなかったとき。	○ 古物商が不正品に関する申告をしなかったとき。 ○ 古物商の指導監督が全く行われていないことに起因して、代理人等が不正品に関する申告をしなかったとき。	① 5回未満 ② 5回以上20回未満 ③ 20回以上	D C B

	違反行為	根拠条文	罰条			量定
14	帳簿等記載等義務違反	第16条 第17条	第33条 第2号	○ 古物商等の指導監督が十分に行われていないことに起因して、代理人等が帳簿等への虚偽の記載等をしたとき。	○ 古物商等が帳簿等への記載等をしなかったとき。 ○ 古物商等が帳簿等への虚偽の記載等をしたとき。 ○ 古物商等の指導監督が全く行われていないことに起因して、代理人等が帳簿等への虚偽の記載等をしたとき。	① 30回未満　D ② 30回以上60回未満　C ③ 60回以上　B
15	帳簿等備付け等義務違反	第18条 第1項	第33条 第1号	○ 古物商等の指導監督が十分に行われていないことに起因して、代理人等が帳簿等の備付け等をしていないとき。	○ 古物商等が不当に帳簿等の備付け等をしていないとき。 ○ 古物商等の指導監督が全く行われていないことに起因して、代理人等が帳簿等の備付け等をしていないとき。	C
16	帳簿等き損等届出義務違反	第18条 第2項	第33条 第3号		○ 古物商等が不当に帳簿等のき損等の届出をしなかったとき。	C
17	品触書保存等義務違反	第19条 第2項	第33条 第4号	○ 古物商等の指導監督が十分に行われていないことに起因して、代理人等が品触書の保存等をしなかったとき。	○ 古物商等が品触書の保存等をしなかったとき。 ○ 古物商等の指導監督が全く行われていないことに起因して、代理人等が品触書の保存等をしなかったとき。	C
18	品触れ品相当品届出義務違反	第19条 第3項 第4項	第33条 第1号	○ 古物商等の指導監督が十分に行われていないことに起因して、代理人等が品触れ品相当品の届出をしなかったとき。	○ 古物商等が品触れ品相当品の届出をしなかったとき。 ○ 古物商等の指導監督が全く行われていないことに起因して、代理人等が品触れ品相当品の届出をしなかったとき。	C
19	差止め物品保管義務違反	第21条	第33条 第5号	○ 古物商等の指導監督が十分に行われていないことに起因して、代理人等が差止めを受けた物品を保管しなかったとき。	○ 古物商等が差止めを受けた物品を保管しなかったとき。 ○ 古物商等の指導監督が全く行われていないことに起因して、代理人等が差止めを受けた物品を保管しなかったとき。	C

20	立入り等の拒否等	第22条第1項	第35条第3号		○ 古物商等又はその代理人等が警察官の立入り又は帳簿等の検査を不当に拒み、妨げ又は忌避したとき。	D
21	報告義務違反	第22条第3項	第35条第4号		○ 古物商等が不当に報告をしなかったとき。 ○ 古物商等が虚偽の報告をしたとき。	E
22	指示違反	第23条	―		○ 古物商等が指示に従わないとき。	B
23	営業停止命令違反	第24条	第31条第4号		○ 古物商等が営業停止命令に従わないとき。	A
24	古物営業に関し法令違反			○ 古物商等の指導監督が十分に行われていないことに起因して、古物営業に関し代理人等が法令に違反した場合であって、事件として送致したとき等その の態様が悪質であるとき。	○ 古物商等が古物営業に関し法令に違反した場合であって、事件として送致したとき等その の態様が悪質であるとき。 ○ 古物商等の指導監督が全く行われていないことに起因して、古物営業に関し代理人等が法令に違反した場合であって、事件として送致したとき等その の態様が悪質であるとき。	① 古物営業法施行規則、刑法又は質屋営業法違反 C ② その他の法令違反 E

処 分 基 準

年　　月　　日作成

法　　令　　名：古物営業法施行規則	

根　拠　条　項：第19条の10第１項

処　分　の　概　要：認定古物競りあっせん業者に係る認定の取消し

原権者(委任先)：都道府県公安委員会（方面公安委員会）

法　令　の　定　め： 　　古物営業法施行規則第19条の５第２号から第４号まで又は第６号 　　　　　　　　　（古物競りあっせん業者に係る認定の申請の欠格事由） 　　　　　　　　　第19条の６（盗品等の売買の防止等に資する方法の基準） 　　古物営業法第21条の５第３項（表示の禁止） 　　　　　　　　　第21条の７（競りの中止）

処　分　基　準： 　　古物営業法施行規則第19条の10第１項各号に該当する場合に、認定を取り消すこととする。ただし、次のように認定古物競りあっせん業者に帰責事由が無い場合又は悪性がごく軽微な場合であって、速やかにこれを是正、回復等することができ、現にその是正、回復等をしようとしているとき等を除く。 　　・　法人の責めに帰すことのできない事由により法人の業務を行う役員が規則第19条の５第２号から第４号までのいずれかに該当することとなった場合で、事実判明後、法人が速やかにその者の解任手続を進めているようなとき。

問 い 合 わ せ 先：

備　　　　　考：

処　分　基　準

年　　　月　　　日作成

法　　令　　名：古物営業法施行規則	
根　拠　条　項：第19条の14第１項	
処　分　の　概　要：認定外国古物競りあっせん業者に係る認定の取消し	
原権者(委任先)：都道府県公安委員会（方面公安委員会）	

法　令　の　定　め：

　　　古物営業法施行規則第19条の12、第19条の５第２号から第４号まで又は第６号（外
　　　　　　　　国古物競りあっせん業者に係る認定の申請の欠格事由）
　　　　　　　第19条の６（盗品等の売買の防止等に資する方法の基準）
　　　古物営業法第22条第４項、第３項（認定外国古物競りあっせん業者に対する報告徴
　　　　　　　　収）

処　分　基　準：

　　古物営業法施行規則第19条の14第１項各号に該当する場合に、認定を取り消すこと
とする。ただし、次のように認定外国古物競りあっせん業者に帰責事由が無い場合又
は悪性がごく軽微な場合であって、速やかにこれを是正、回復等することができ、現
にその是正、回復等をしようとしているとき等を除く。
　　・　法人の責めに帰すことのできない事由により法人の業務を行う役員が規則第19
　　　　条の12において準用する規則第19条の５第２号から第４号までのいずれかに該当
　　　　することとなった場合で、事実判明後、法人が速やかにその者の解任手続を進め
　　　　ているようなとき。

問　い　合　わ　せ　先：

備　　　　　考：

処　分　基　準

年　　　月　　　日作成

法　　令　　名：古物営業法施行規則
根　拠　条　項：第29条
処　分　の　概　要：盗品売買等防止団体に係る承認の取消し
原権者(委任先)：都道府県公安委員会
法　令　の　定　め： 　　古物営業法施行規則第23条（盗品売買等防止団体に係る承認）
処　分　基　準： 　　古物営業法施行規則第29条各号に該当する場合、次のように帰責事由が無い場合又は悪性がごく軽微な場合であって、かつ、当該事態を速やかに是正、回復等することが可能であると認められる場合で、現に是正、回復等しようとしているとき等を除き、承認を取り消すこととする。 　　・　法人の責めに帰すことのできない事由により法人の役員が古物営業法第４条第１号から第５号までのいずれかに該当することとなった場合で、事実判明後、法人が速やかにその者の解任手続を進めているようなとき。
問い合わせ先：
備　　　　　考：

処　分　基　準

年　　月　　日作成

法　　令　　名：行商従業者証等の様式の承認に関する規程	
根　拠　条　項：第7条	
処　分　の　概　要：行商従業者証等の様式の承認の取消し	
原権者(委任先)：都道府県公安委員会（方面公安委員会）	

法　令　の　定　め：

　　行商従業者証等の様式の承認に関する規程第1条（承認を受けることができる団体）

　　同第5条（資料の提出）

　　同第6条（作成・交付事業の廃止の届出）

処　分　基　準：

　　行商従業者証等の様式の承認に関する規程第7条各号に該当する場合、以下のようなとき等を除き、承認を取り消すこととする。

　1　次のように帰責事由がない場合又は悪性がごく軽微な場合であって、速やかに是正、回復等することができ、現に是正、回復等しようとしているとき。（同条第1号）

　　　・法人の責めに帰すことのできない事由により法人の役員が古物営業法第4条第1号から第5号までのいずれかに該当することとなった場合で、事実判明後、法人が速やかにその者の解任手続を進めているようなとき。

　2　資料を提出しなかったことについて相当の理由があり、速やかに資料を提出することができ、現に提出しようとしているとき。（同条第2号）

　3　資料を届け出なかったことについて相当の理由があり、速やかに資料を届け出ることができ、現に届け出ようとしているとき。（同条第3号）

問 い 合 わ せ 先：

備　　　　考：

手続一覧表

許可の取得	新規に古物営業を開始しようとする場合 （古物商営業） （古物市場営業）	第５条第１項	第１条の３	許可申請
許可証の再交付	許可証の亡失・滅失の場合	第５条第４項	第４条	許可証の再交付申請
営業内容の変更 ＋ 許可証の書換え	①　氏名若しくは名称又は住所若しくは居所に変更が生じた場合 ②　法人の代表者の氏名（代表者が役員であった場合、その住所）に変更が生じた場合 ③　行商をしようとする者であるかどうかの別（古物商のみ）に変更が生じた場合	第７条第２項、第４項、第５項	第５条	変更の届出 許可証の書換え申請
営業内容の変更	①　主たる営業所又は古物市場の名称及び所在地に変更が生じた場合 ②　その他の営業所又は古物市場の名称及び所在地に変更が生じた場合（新設する場合も含む。） ③　営業所又は古物市場ごとに取り扱おうとする古物の区分に変更が生じた場合 ④　管理者の氏名又は住所に変更が生じた場合 ⑤　ホームページ利用取引をしようとする者であるかどうかの別（古物商のみ）に変更が生じた場合 ⑥　ＵＲＬ（古物商のみ）に変更が生じた場合 ⑦　法人の役員の氏名又は住所に変更が生じた場合	第７条第１項、第４項 第７条第２項、第４項	第５条	変更の届出

略称　「**主たる営業所等**」：主たる営業所又は古物市場
　　　　「**その他の営業所等**」：主たる営業所又は古物市場以外の営業所又は古物市場

主たる営業所の所轄警察署長	営業を開始する前	許可申請書（様式第1号）	**個人（成人）の場合** ・Ⓐ経歴書（最近5年間の略歴を記載したもの） ・Ⓑ住民票の写し ・Ⓒ市町村長の証明書（準禁治産者、破産手続開始の決定を受けて復権を得ない者不該当） ・誓約書（法第4条第1号〜第9号不該当の誓約） ※　一定の未成年者は追加資料が必要です（9ページ参照）。 **法人の場合** ・定款、登記事項証明書 ・役員に係る上記ⒶⒷⒸ ・役員の誓約書（法第4条第1号〜第8号不該当の誓約） **管理者関係**　…共通事項 ・管理者に係る上記ⒶⒷⒸ ・管理者の誓約書（法第13条第2項各号不該当の誓約） **ホームページ利用取引をしようとする場合** ・URL（送信元識別符号）を使用する権限のあることを疎明する資料 注）質屋が古物営業の許可申請を行う場合は、特例があります。 （施行規則第1条第5項）
主たる古物市場の所轄警察署長			・上記書類 ・古物市場ごとの規約 ・参集古物商の名簿
主たる営業所等の所轄警察署長	速やかに	再交付申請書（様式第4号）	な　し
主たる営業所等又はその他の営業所等（いずれか一）の所轄警察署長	変更日から14日（登記事項証明書を添付すべき場合20日）以内	変更届出・書換申請書（様式第6号）	許可申請の際の添付書類のうち当該変更事項に係る書類
	変更の届出の都度		
主たる営業所等又はその他の営業所等（いずれか一）の所轄警察署長	変更予定日から3日前	変更届出書（様式第5号）	許可申請の際の添付書類のうち当該変更事項に係る書類
	変更日から14日（登記事項証明書を添付すべき場合20日）以内	変更届出書（様式第6号）	※左記④の変更事項については、 ・既に選任されている管理者 ・主たる営業所等を管轄する公安委員会から質屋営業法の許可を受けており、当該管理者として選任されている者 は、上記添付書類を要しない。

許可証の返納	古物営業を廃止したとき	第8条第1項第1号		許可証の返納
	許可が取り消されたとき	第8条第1項第2号	第7条	
	許可証の再交付を受けた後、発見・回復したとき	第8条第1項第3号		
	許可証の交付を受けたものが死亡した場合又は法人が合併により消滅した場合	第8条第3項		
仮設店舗の営業	仮設店舗を設けて営業を行いたい場合	第14条	第14条の2	日時と場所の届出
競り売り	競り売りを行う場合	第10条	第8条	日時と場所の届出
古物競りあっせん業の届出	古物競りあっせん業の営業を開始した場合（インターネット・オークション営業）	第10条の2	第9条の2	営業開始の届出
古物競りあっせん業の業務の実施の方法の認定	業務の実施の方法が国家公安委員会が定める盗品等の売買の防止及び速やかな発見に資する方法の基準に適合する場合	第21条の5第1項	第19条の4	認定申請

主たる営業所等の所轄警察署長	当該事由発生から10日以内	返納理由書 （様式第9号）	な　し
原則 当該場所の所轄警察署長 例外 当該場所を管轄する公安委員会の管轄区域内に営業所を有しない古物商は、主たる営業所又はその他の営業所（いずれか一）の所轄警察署長	営業を営む日の3日前	仮設店舗営業届出書 （様式第14号の2）	な　し
原則 当該場所の所轄警察署長 例外 当該場所を管轄する公安委員会の管轄区域内に営業所を有しない古物商は、主たる営業所又はその他の営業所（いずれか一）の所轄警察署長	競り売りの日から3日前	競り売り届出書 （様式第10号又は第10号の2）	な　し
営業の本拠となる事務所の所在地の所轄警察署長	営業開始の日から2週間以内	古物競りあっせん業者営業開始届出書 （様式第11号の2）	個人の場合 ・住民票の写し ・Ⓐあっせんの相手方から送信された古物に関する事項及びその買受けの申出に係る金額に係る自動公衆送信の送信元識別符号を使用する権限のあることを疎明する資料 法人の場合 ・定款 ・登記事項証明書 ・上記Ⓐ
営業の本拠となる事務所の所在地の所轄警察署長	営業開始の日から2週間以内	認定申請書 （様式第16号の2）	個人の場合 ・Ⓐ経歴書（最近5年間の略歴を記載したもの） ・Ⓑ誓約書（法第4条第1号〜第9号不該当の誓約） ・Ⓒ業務の実施の方法が施行規則第19条の6に規定する基準に適合することを説明した書類 法人の場合 ・業務を行う役員の住民票の写し ・上記Ⓐ

3訂版
わかりやすい　古物営業の実務

平成17年4月1日　初 版 発 行
平成23年6月1日　2 訂 版 発 行
令和 2 年 8 月10日　3 訂 版 発 行
令和 6 年11月15日　3 訂版 5 刷発行
（法令の内容現在　令和 6 年10月 1 日）

著　者　古 物 営 業 研 究 会
発行者　星　沢　卓　也
発行所　東京法令出版株式会社

112-0002	東京都文京区小石川 5 丁目17番 3 号	03 (5803) 3304
534-0024	大阪市都島区東野田町 1 丁目17番12号	06 (6355) 5226
062-0902	札幌市豊平区豊平 2 条 5 丁目 1 番27号	011 (822) 8811
980-0012	仙台市青葉区錦町 1 丁目 1 番10号	022 (216) 5871
460-0003	名古屋市中区錦 1 丁目 6 番34号	052 (218) 5552
730-0005	広島市中区西白島町 11 番 9 号	082 (212) 0888
810-0011	福岡市中央区高砂 2 丁目13番22号	092 (533) 1588
380-8688	長 野 市 南 千 歳 町 1005 番 地	

〔営業〕　TEL　026 (224) 5411　FAX　026 (224) 5419
〔編集〕　TEL　026 (224) 5412　FAX　026 (224) 5439
https://www.tokyo-horei.co.jp/

ISBN978-4-8090-1417-8